Teste dich!

1 Übertrage ins Heft. Setze < oder > ein.

a) $\frac{3}{5}$ ▨ $\frac{8}{15}$ b) $\frac{8}{9}$ ▨ $\frac{9}{10}$

c) $\frac{9}{12}$ ▨ $\frac{5}{8}$ d) $1\frac{1}{2}$ ▨ $1\frac{2}{3}$

1 Übertrage ins Heft. Setze < oder > ein.

a) $\frac{17}{24}$ ▨ $\frac{6}{8}$ b) $\frac{9}{10}$ ▨ $\frac{13}{15}$

c) $\frac{13}{14}$ ▨ $\frac{19}{18}$ d) $\frac{13}{12}$ ▨ $1\frac{1}{11}$

2 Übertrage und ergänze zu einem Ganzen.

Tipp $\frac{2}{3}$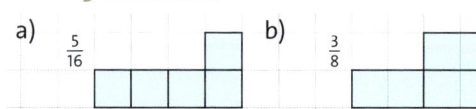

a) $\frac{5}{16}$ b) $\frac{3}{8}$

2 Übertrage und ergänze zu einem Ganzen.

Tipp $\frac{3}{5}$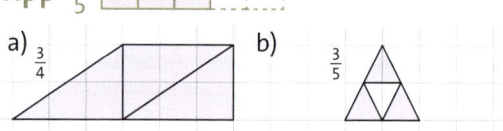

a) $\frac{3}{4}$ b) $\frac{3}{5}$

3 Auf welche Brüche zeigen die Pfeile?

a) Schreibe als unechten Bruch und als gemischte Zahl.
b) Kürze die Brüche vollständig.

4 Die Klasse 6a macht einen Ausflug zum Museum. Sie fährt eine $\frac{3}{4}$ Stunde mit dem Bus zum Museum. Im Museum macht sie eine Führung.
Die dauert $1\frac{1}{2}$ Stunden.
Wie lange ist die Klasse unterwegs?
Tipp Stelle den Ausflug an einem Zahlenstrahl dar.

4 Die Klasse 6b macht eine Wanderung. Sie wandert zweieinhalb Stunden.
Dann macht sie eine viertel Stunde Pause und wandert dann noch zweidreiviertel Stunden.
Wie lange ist die Klasse unterwegs?
Tipp Stelle die Wanderung an einem Zahlenstrahl dar.

Checkliste

Nr.	mathematische Fähigkeit (Kompetenz)	☺	☺	☹	Hast du etwas falsch gemacht? Wo lag dein Fehler?	Hier kannst du dich verbessern.
1	Ich kann Brüche mithilfe der Zeichen > und < vergleichen.					S. 14
2	Ich kann Figuren übertragen und zu einem Ganzen ergänzen.					S. 9
3	Ich kann Brüche am Zahlenstrahl ablesen und sie als unechten Bruch sowie als gemischte Zahl schreiben und kürzen.					S. 9 S. 10 S. 11 S. 12 S. 15
4	Ich kann Sachaufgaben zu Brüchen lösen.					S. 9–16

Teiler

Wird eine Zahl durch 1, 2, 3, 4, ... geteilt und es bleibt **kein Rest**, dann erhält man die Teiler der Zahl.

$2 \mid 10$ — 2 teilt 10.

$4 \nmid 10$ — 4 teilt 10 nicht.

2 ist ein Teiler von 10, denn $10 : 2 = 5$

4 ist *kein* Teiler von 10, denn $10 : 4 = 2$ Rest 2

So findest du die Teiler einer Zahl:

① Teile (:) die Zahl durch 1; 2; 3; 4; ...
  Bleibt kein Rest, dann hast du 2 Teiler gefunden:
  – die Zahl, durch die du geteilt hast und
  – das Ergebnis der Division

② Du bist fertig, wenn du durch eine Zahl teilst, die das Ergebnis einer vorigen Division ist.

Gib die Teiler von 15 an.

$15 : 1 = 15$ und $15 : 15 = 1$
$15 : 2 =$ hier bleibt ein Rest
$15 : 3 = 5$ und $15 : 5 = 3$
$15 : 4 =$ hier bleibt ein Rest
$15 : 5 = 3$, die Aufgabe gab es schon, also bist du fertig.

Schreibe so:

$T_{15} = \{1; 3; 5; 15\}$

Die Teiler von 15 sind 1; 3; 5 und 15.

---

1 Schreibe mit einem Stift die geschweiften Klammern { } nach.

{ } { } { } { } { } { } { } { } { }

2 Welche Zahl ist ein Teiler von 24?
17   21   3   6   24   18   15   12   1   10

3 Welche Teiler fehlen?
Tipp zu a) Bilde von außen nach innen Multiplikationsaufgaben. Das Ergebnis ist immer 12.
a) $T_{12} = \{1; \quad ; 3; \quad ; 6; \quad \}$ b) $T_{32} = \{ \quad ; 2; \quad ; 8; \quad ; 32\}$

4 Bestimme alle Teiler der Zahl.
a) 9   b) 10   c) 22   d) 24

Lösungen

1 Schreibübung

2 1; 3; 6; 12; 24

3 a) $T_{12} = \{1; 2; 3; 4; 6; 12\}$ b) $T_{32} = \{1; 2; 4; 8; 16; 32\}$

4 a) $T_9 = \{1; 3; 9\}$ b) $T_{10} = \{1; 2; 5; 10\}$ c) $T_{22} = \{1; 2; 11; 22\}$ d) $T_{24} = \{1; 2; 3; 4; 6; 8; 12; 24\}$

Vielfache

Wird eine Zahl mit 1, 2, 3, 4, ... multipliziert, erhält man die Vielfachen der Zahl.
Es gibt **unendlich** viele Vielfache.

schreibe „..."

Die Vielfachen von 3 sind 3; 6; 9; 12; 15 und so weiter.

Schreibe so:

So prüfst du, ob eine Zahl ein Vielfaches einer anderen Zahl ist.
Ist die Zahl ohne Rest teilbar?
— ja, dann ist sie ein Vielfaches
— nein, dann ist sie *kein* Vielfaches

Gib die ersten 5 Vielfachen von 3 an.

$1 \cdot 3 = 3$
$2 \cdot 3 = 6$
$3 \cdot 3 = 9$
$4 \cdot 3 = 12$
$5 \cdot 3 = 15$

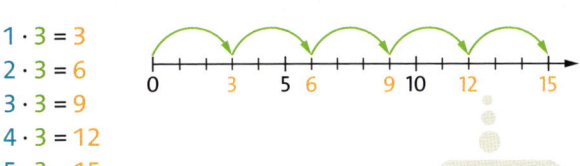

$4 \cdot 3 = 12$

$V_3 = \{3; 6; 9; 12; 15; ...\}$

Ist 18 ein Vielfaches von 3?
    Ja, denn $18 : 3 = 6$ ☑
Ist 18 ein Vielfaches von 4?
    Nein, denn $18 : 4 = 4$ Rest 2 FALSCH

---

1 Ergänze die Vielfachen.
a) $V_4 = \{4; 8; \boxed{}; \boxed{}; \boxed{}; 24; 28; ...\}$

b) $V_{13} = \{13; \boxed{}; \boxed{}; \boxed{}; \boxed{}; \boxed{}; \boxed{}; 104; ...\}$

2 Schreibe mit einem Stift die geschweiften Klammern { } nach.

{ } { } { } { } { } { } { } { } { } { }

3 Gib die ersten 6 Vielfachen an.
a) von 2   b) von 5   c) von 7   d) von 12

4 Welche Zahlen sind Vielfache von 4?   34   4   88   14   25   16   57   46   12   10

Lösungen

1 a) $V_4 = \{4; 8; \mathbf{12}; \mathbf{16}; \mathbf{20}; 24; 28; ...\}$

b) $V_{13} = \{13; \mathbf{26}; \mathbf{39}; \mathbf{52}; \mathbf{65}; \mathbf{78}; \mathbf{91}; 104; ...\}$

2 Schreibübung

3 a) $V_2 = \{2; 4; 6; 8; 10; 12; ...\}$

c) $V_7 = \{7; 14; 21; 28; 35; 42; ...\}$

b) $V_5 = \{5; 10; 15; 20; 25; 30; ...\}$

d) $V_{12} = \{12; 24; 36; 48; 60; 72; ...\}$

4 4; 12; 16; 88

Das kleinste gemeinsame Vielfache (kgV)

So bestimmst du das **kleinste gemeinsame Vielfache (kgV)** von zwei Zahlen:

① Schreibe für beide Zahlen einige Vielfache auf.

② Markiere die kleinste Zahl, die in beiden Vielfachen-Mengen vorkommt.

Schreibe so:

Wie heißt das kgV von 6 und 8?

V_6 = {6; 12; 18; ⟨24⟩; 30; 36; 42; 48; 54; 60; 66; 72; ...}

V_8 = {8; 16; ⟨24⟩; 32; 40; 48; 56; 64; 72; 80; 88; 96; ...}

kgV (6; 8) = 24   Das kgV von 6 und 8 ist 24.

1 Markiere die kleinste Zahl, die in beiden Vielfachen-Mengen vorkommt.
Tipp zu a) Prüfe der Reihe nach, ob die Vielfachen von 7 auch bei den Vielfachen von 3 vorkommen.

a) V_3 = {3; 6; 9; 12; 15; 18; 21; 24; 27; ...}
   V_7 = {7; 14; 21; 28; 35; 42; 49; 56; ...}

b) V_8 = {8; 16; 24; 32; 40; 48; 56; 64; 72; ...}
   V_9 = {9; 18; 27; 36; 45; 54; 63; 72; 81; ...}

2 Bestimme das kgV der beiden Zahlen.

a) 2 und 10   b) 4 und 7   c) 3 und 8   d) 6 und 9

Lösungen

1 a) V_3 = {3; 6; 9; 12; 15; 18; ⟨21⟩; 24; 27; ...}
   V_7 = {7; 14; ⟨21⟩; 28; 35; 42; 49; 56; ...}

b) V_8 = {8; 16; 24; 32; 40; 48; 56; 64; ⟨72⟩; ...}
   V_9 = {9; 18; 27; 36; 45; 54; 63; ⟨72⟩; 81; ...}

2 a) 10   b) 28   c) 24   d) 18

Teilbarkeit – Endziffernregel

An der Endziffer einer Zahl erkennst du, ob die Zahl durch 2, durch 5 oder durch 10 teilbar ist.

Die **Endziffer** steht an der Einer-Stelle.

7 Die Endziffer ist 7.
52 Die Endziffer ist 2.
108 Die Endziffer ist 8.
4690 Die Endziffer ist 0.

Eine Zahl ist **durch 2 teilbar**, wenn sie die Endziffer 0; 2; 4; 6 oder 8 hat.

Welche Zahl ist durch 2 teilbar?   Die Zahl ist gerade.
a) 1592 ☑   b) 68427 FALSCH

Eine Zahl ist **durch 5 teilbar**, wenn sie die Endziffer 0 oder 5 hat.

Welche Zahl ist durch 5 teilbar?
a) 8755 ☑   b) 3862 FALSCH

Eine Zahl ist **durch 10 teilbar**, wenn sie die Endziffer 0 hat.

Welche Zahl ist durch 10 teilbar?
a) 463790 ☑   b) 506 FALSCH

1 Markiere die Endziffer der Zahl.
a) 412   b) 6000   c) 78095   d) 136964338

2 Welche Zahlen sind falsch? Streiche durch.

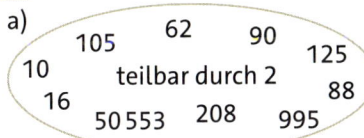
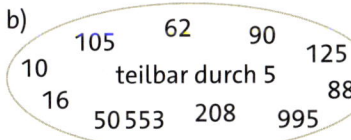
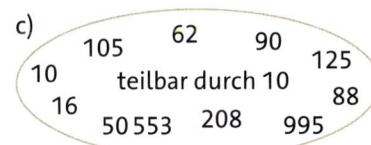

3 Welche Zahlen sind teilbar durch 2, durch 5 und durch 10? Ordne zu.
Tipp Manche Zahlen passen in mehrere Häuschen.

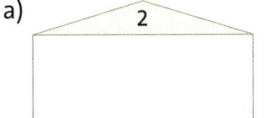
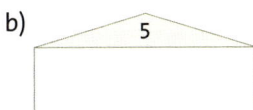
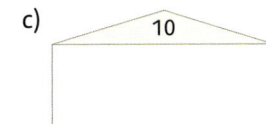

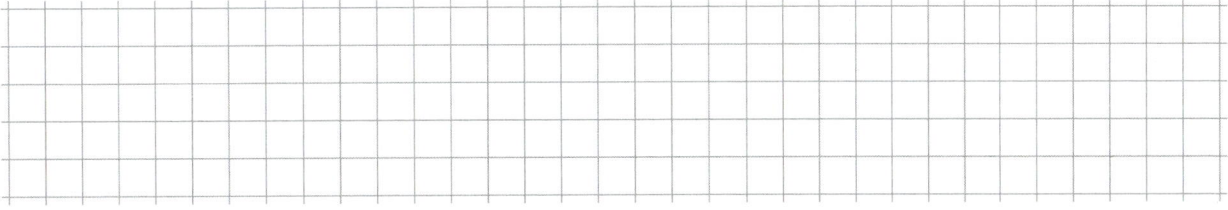

Lösungen

1 a) 412   b) 6000   c) 78095   d) 136964338

2 a) teilbar durch 2:   b) teilbar durch 5:   c) teilbar durch 10:
10; 16; 62; 88; 90; 208   10; 90; 105; 125; 995   10; 90

3 Welche Zahlen sind teilbar durch 2, durch 5 und durch 10? Ordne zu.

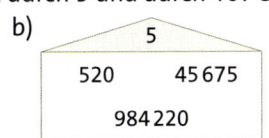
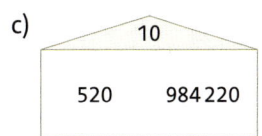

a) 2: 520 748 984220
b) 5: 520 45675 984220
c) 10: 520 984220

Teilbarkeit – Quersummenregel

An der Quersumme einer Zahl erkennst du, ob die Zahl durch 3 teilbar ist.

> Die **Quersumme** erhältst du, wenn du alle Ziffern der Zahl addierst (+).

7 Die Quersumme ist 7.
52 Die Quersumme ist 5 + 2 = 7.
108 Die Quersumme ist 1 + 0 + 8 = 9.
4690 Die Quersumme ist 4 + 6 + 9 + 0 = 19.

Eine Zahl ist **durch 3 teilbar**, wenn ihre Quersumme durch 3 teilbar ist.

Welche Zahl ist durch 3 teilbar?

a) 24
Quersumme: 2 + 4 = 6
6 ist teilbar durch 3, also ist auch 24 teilbar durch 3. ☑

b) 23
Quersumme: 2 + 3 = 5
5 ist *nicht* teilbar durch 3, also ist auch 24 *nicht* teilbar durch 3. FALSCH

a) 159
Quersumme: 1 + 5 + 9 = 15
15 ist teilbar durch 3, also ist auch 159 teilbar durch 3. ☑

b) 158
Quersumme: 1 + 5 + 8 = 14
14 ist *nicht* teilbar durch 3, also ist auch 158 *nicht* teilbar durch 3. FALSCH

1 Berechne die Quersumme der Zahl.
a) 123   b) 3505   c) 73   d) 4365

2 Ergänze so, dass die Zahl durch 3 teilbar ist.
Tipp Es gibt mehrere richtige Lösungen. Findest du sie alle?
a) 13_   b) 5_6   c) _134   d) 4_2

3 Ist die Zahl durch 3 teilbar?
a) 53   b) 345   c) 621   d) 1 212 121

Lösungen

1 a) 1 + 2 + 3 = 6   b) 3 + 5 + 0 + 5 = 13   c) 7 + 3 = 10   d) 4 + 3 + 6 + 5 = 18

2 a) 132; 135; 138   b) 516; 546; 576   c) 1134; 4134; 7134   d) 402; 432; 462; 492

3 a) nein   b) ja   c) ja   d) nein

Unechte Brüche in gemischte Zahlen umwandeln

Wenn der Zähler größer ist als der Nenner, dann ist es **mehr als ein Ganzes**.
Diese Brüche heißen **unechte Brüche**. Sie können als **gemischte Zahl** geschrieben werden.

$\frac{7}{4}$ unechter Bruch, da 7 > 4

$1\frac{3}{4}$ gemischte Zahl: Ganze und Bruch

So schreibst du einen unechten Bruch als gemischte Zahl:

① Bestimme die Ganzen:
Wie oft passt der Nenner in den Zähler? Bleibt ein Rest?

② Bestimme den Bruch:
Schreibe den Rest in den Zähler, der Nenner bleibt.

③ Schreibe Ganze und Bruch als gemischten Zahl.

a) Schreibe $\frac{5}{2}$ als gemischte Zahl.

① 2 passt 2-mal in 5.
Es sind also 2 Ganze.
Rest: 1

② $\frac{1}{2}$

③ $2\frac{1}{2}$

1 Schreibe als Bruch und als gemischte Zahl.

a)  b)  c) d)

2 Schreibe als gemischte Zahl.

Tipp Male die gemeinten Anteile aus.

Tipp Schreibe die 1×1-Reihe vom Nenner auf.

a) $\frac{6}{4}$ b) $\frac{13}{8}$ c) $\frac{14}{6}$ d) $\frac{35}{10}$

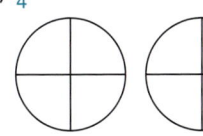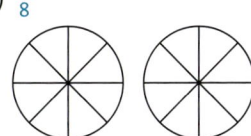

3 Verbinde den unechten Bruch mit der passenden gemischten Zahl.

$\frac{5}{3}$ $\frac{9}{5}$ $\frac{7}{2}$ $\frac{7}{4}$ $\frac{8}{3}$ $\frac{9}{4}$ | $2\frac{2}{3}$ $3\frac{1}{2}$ $2\frac{1}{4}$ $1\frac{2}{3}$ $1\frac{4}{5}$ $1\frac{3}{4}$

Lösungen

1 a) $\frac{3}{2} \to 1\frac{1}{2}$ b) $\frac{4}{3} \to 1\frac{1}{3}$ c) $\frac{7}{5} \to 1\frac{2}{5}$ d) $\frac{10}{6} \to 1\frac{4}{6}$

2 a) $1\frac{2}{4} = 1\frac{1}{2}$ b) $1\frac{5}{8}$ c) $2\frac{2}{6} = 2\frac{1}{3}$ d) $3\frac{5}{10} = 3\frac{1}{2}$

3 $\frac{5}{3} = 1\frac{2}{3}$ $\frac{9}{5} = 1\frac{4}{5}$ $\frac{7}{2} = 3\frac{1}{2}$ $\frac{7}{4} = 1\frac{3}{4}$ $\frac{8}{3} = 2\frac{2}{3}$ $\frac{9}{4} = 2\frac{1}{4}$

Gemischte Zahlen in unechte Brüche umwandeln

Gemischte Zahlen können auch als unechte Brüche geschrieben werden.
Bei **unechten Brüchen** ist der Zähler größer als der Nenner.

$1\frac{3}{4}$ gemischte Zahl: Ganze und Bruch

$\frac{7}{4}$ unechter Bruch, da 7 > 4

So schreibst du eine gemischte Zahl als unechten Bruch:

① Bestimme den Zähler:
Multipliziere (·) die Ganzen mit dem Nenner und addiere (+) zum Ergebnis den Zähler.

② Der Nenner bleibt gleich.

③ Schreibe als Bruch.

b) Schreibe $2\frac{4}{5}$ als unechten Bruch.

① Zähler: 2 · 5 + 4 = 10 + 4 = 14

Punktrechnung vor Strichrechnung!

② Nenner: 5

③ $\frac{14}{5}$

---

1 Schreibe als unechten Bruch.
Tipp Zähle die Bruchteile zusammen.

a)
b)
c)

2 Schreibe als unechten Bruch.
Tipp Male zuerst die gemeinten Anteile an.

a) $1\frac{3}{4}$ b) $3\frac{2}{5}$ c) $3\frac{3}{8}$

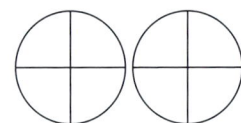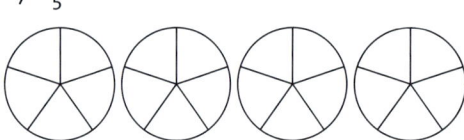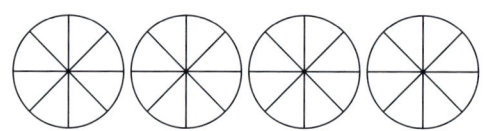

3 Schreibe als unechten Bruch.
Tipp Rechne wie im Beispiel.

a) $3\frac{1}{4}$ b) $2\frac{2}{6}$ c) $3\frac{4}{7}$ d) $5\frac{3}{10}$

Lösungen

1 a) $\frac{8}{3}$ b) $\frac{15}{4}$ c) $\frac{13}{6}$

2 a) $\frac{7}{4}$ b) $\frac{17}{5}$ c) $\frac{27}{8}$

3 a) $\frac{13}{4}$ b) $\frac{14}{6}$ c) $\frac{25}{7}$ d) $\frac{53}{10}$

Brüche erweitern

So erweitert man einen Bruch:
Multipliziere (·) den Zähler und den Nenner mit *derselben* Zahl.

Der Wert des Bruches bleibt dabei gleich.

Erweitere $\frac{2}{3}$ mit 4.

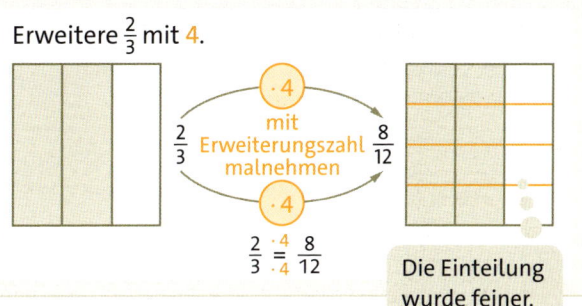

$\frac{2}{3} \quad$ mit Erweiterungszahl malnehmen $\quad \frac{8}{12}$

$\frac{2}{3} \stackrel{\cdot 4}{=} \frac{8}{12}$

Die Einteilung wurde feiner.

1 Mit welcher Zahl wurde erweitert?

a)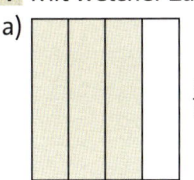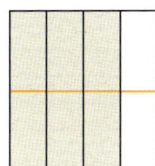

b)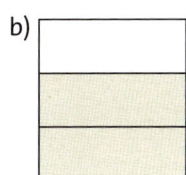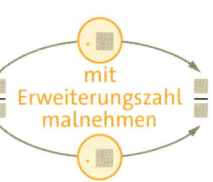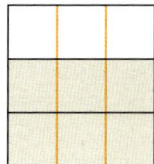

2 Erweitere mit der Erweiterungszahl: Zeichne und rechne die Aufgabe.

a) $\frac{1}{2} \stackrel{\cdot 3}{\underset{\cdot 3}{=}}$

b) $\frac{1}{4} \stackrel{\cdot 5}{\underset{\cdot 5}{=}}$

c) $\frac{3}{5} \stackrel{\cdot 4}{\underset{\cdot 4}{=}}$

d) $\frac{7}{10} \stackrel{\cdot 4}{\underset{\cdot 4}{=}}$

3 Erweitere auf den Nenner 10, 100 oder 1000.

a) $\frac{2}{5} \stackrel{\cdot 2}{\underset{\cdot 2}{=}} \frac{\blacksquare}{10}$

b) $\frac{27}{50} = \frac{\blacksquare}{100}$

c) $\frac{11}{20} = \frac{\blacksquare}{100}$

d) $\frac{110}{125} = \frac{\blacksquare}{1000}$

Lösungen

1 a) 2   b) 3

2 a) 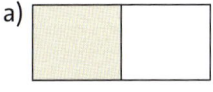 $\frac{1}{2} \stackrel{\cdot 3}{\underset{\cdot 3}{=}} \frac{3}{6}$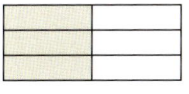

b) 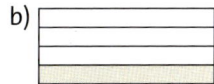 $\frac{1}{4} \stackrel{\cdot 5}{\underset{\cdot 5}{=}} \frac{5}{20}$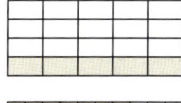

c) $\frac{3}{5} \stackrel{\cdot 4}{\underset{\cdot 4}{=}} \frac{12}{20}$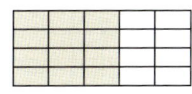

d)  $\frac{7}{10} \stackrel{\cdot 4}{\underset{\cdot 4}{=}} \frac{28}{40}$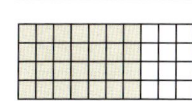

3 a) $\frac{4}{10}$

b) $\frac{54}{100}$

c) $\frac{55}{100}$

d) $\frac{880}{1000}$

Brüche kürzen

So kürzt man einen Bruch:
Dividiere (:) den Zähler und den Nenner durch *dieselbe* Zahl.

Kürze $\frac{9}{12}$ mit 3.

Der Wert des Bruches bleibt gleich.

Die Einteilung wurde gröber.

1 Mit welcher Zahl wurde gekürzt?

a)

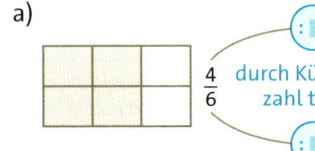

b)

2 Kürze mit der Kürzungszahl: Färbe den Bruch und teile gröber ein.

a) $\frac{5}{10} \stackrel{:5}{=}_{:5}$

b) $\frac{8}{12} \stackrel{:4}{=}_{:4}$

c) $\frac{20}{30} \stackrel{:10}{=}_{:10}$

d) $\frac{6}{18} \stackrel{:6}{=}_{:6}$

3 Kürze auf den Nenner 10, 100 oder 1000.

a) $\frac{48}{60} \stackrel{:6}{=}_{:6} \frac{\blacksquare}{10}$

b) $\frac{32}{400} = \frac{\blacksquare}{100}$

c) $\frac{168}{800} = \frac{\blacksquare}{100}$

d) $\frac{810}{9000} = \frac{\blacksquare}{1000}$

Lösungen

1 a) 2   b) 3

2 a)

$\frac{5}{10} \stackrel{:5}{=}_{:5} \frac{1}{2}$

b) $\frac{8}{12} \stackrel{:4}{=}_{:4} \frac{2}{3}$

c) $\frac{20}{30} \stackrel{:10}{=}_{:10} \frac{2}{3}$

d) $\frac{6}{18} \stackrel{:6}{=}_{:6} \frac{1}{3}$

3 a) $\frac{8}{10}$

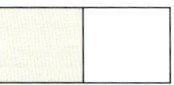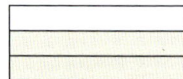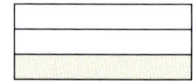

b) $\frac{8}{100}$

c) $\frac{21}{100}$

d) $\frac{90}{1000}$

Brüche gleichnamig machen

Zwei Brüche mit **demselben Nenner** heißen gleichnamig.

So machst du zwei Brüche gleichnamig:

① Finde einen gemeinsamen Nenner:
  • Schreibe für beide Zahlen einige Vielfache auf.
  • Markiere die kleinste Zahl, die in beiden Vielfachen-Mengen vorkommt.

② Bestimme die **Erweiterungszahl** für jeden Bruch.

> kleinstes gemeinsames Vielfaches (kgV)

③ Erweitere jeden Bruch mit der **Erweiterungszahl**.

> Zähler / Nenner

$\frac{3}{4}$ und $\frac{1}{4}$ sind gleichnamig.

$\frac{3}{4}$ und $\frac{3}{5}$ sind *nicht* gleichnamig.

Mach die Brüche $\frac{5}{6}$ und $\frac{3}{8}$ gleichnamig.

$V_6 = \{6; 12; 18; \textcircled{24}; 30; 36; 42; 48; 54; 60; 66; 72; …\}$
$V_8 = \{8; 16; \textcircled{24}; 32; 40; 48; 56; 64; 72; 80; 88; 96; …\}$

Der kleinste gemeinsame Nenner ist 24.

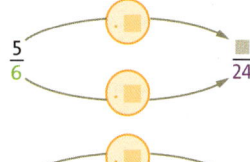

$6 \cdot \blacksquare = 24$, also ist die Erweiterungszahl 4.

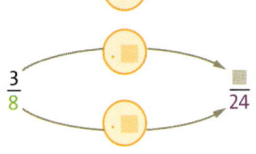

$8 \cdot \blacksquare = 24$, also ist die Erweiterungszahl 3.

$\frac{5 \cdot 4}{6 \cdot 4} = \frac{20}{24}$

$\frac{3 \cdot 3}{8 \cdot 3} = \frac{9}{24}$

---

1 Mach die Brüche gleichnamig.

a) $\frac{1}{2}$ und $\frac{3}{4}$

b) $\frac{4}{5}$ und $\frac{2}{15}$

c) $\frac{1}{4}$ und $\frac{2}{3}$

d) $\frac{3}{8}$ und $\frac{5}{6}$

Lösungen

1 a) $\frac{2}{4}$ und $\frac{3}{4}$

b) $\frac{12}{15}$ und $\frac{2}{15}$

c) $\frac{3}{12}$ und $\frac{8}{12}$

d) $\frac{9}{24}$ und $\frac{20}{24}$

Brüche vergleichen und ordnen

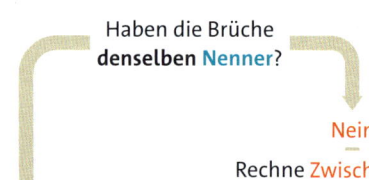

Haben die Brüche **denselben Nenner**?

Ja

Nein:

Rechne Zwischenschritte!

① Bestimme ein **gemeinsames Vielfaches** der Nenner.

② Bestimme die **Erweiterungszahl** und erweitere die Brüche.

Vergleiche die **Zähler**.

Vergleiche die Brüche

a) $\frac{7}{8}$ ■ $\frac{6}{8}$ b) $\frac{6}{8}$ ■ $\frac{8}{10}$

derselbe Nenner   **verschiedene Nenner**

① $V_8 = \{8; 16; 24; 32; \textcircled{40}; ...\}$
$V_{10} = \{10; 20; 30; \textcircled{40}; ...\}$

② $8 \cdot \blacksquare = 40$, also ist die **Erweiterungszahl** 5.

$\frac{6}{8} \stackrel{\cdot 5}{=}_{\cdot 5} \frac{30}{40}$

$10 \cdot \blacksquare = 40$, also ist die **Erweiterungszahl** 4.

$\frac{8}{10} \stackrel{\cdot 4}{=}_{\cdot 4} \frac{32}{40}$

Das Krokodil frisst immer die größere Zahl.

$7 > 6$, also gilt $\frac{7}{8} > \frac{6}{8}$

$30 < 32$, also gilt $\frac{6}{8} < \frac{8}{10}$, denn $\frac{30}{40} < \frac{32}{40}$

---

1 Vergleiche die Brüche. Setze > oder < ein.

a) $\frac{6}{9}$ ■ $\frac{4}{9}$ b) $\frac{2}{6}$ ■ $\frac{5}{6}$ c) $\frac{2}{3}$ ■ $\frac{1}{3}$ d) $\frac{17}{18}$ ■ $\frac{7}{18}$

2 Ordne die Brüche.

a) Beginne beim kleinsten Bruch.

| $\frac{5}{10}$ | $\frac{2}{10}$ | $\frac{1}{10}$ | $\frac{9}{10}$ | $\frac{6}{10}$ |

b) Beginne beim größten Bruch.

| $\frac{5}{7}$ | $\frac{7}{7}$ | $\frac{3}{7}$ | $\frac{6}{7}$ | $\frac{1}{7}$ |

3 Vergleiche die Brüche mit verschiedenen Nennern. Setze >, < oder = ein.

a) $\frac{9}{12}$ ■ $\frac{4}{6}$ b) $\frac{7}{10}$ ■ $\frac{5}{8}$ c) $\frac{2}{7}$ ■ $\frac{6}{21}$ d) $\frac{4}{5}$ ■ $\frac{6}{8}$

Lösungen

1 a) $\frac{6}{9} > \frac{4}{9}$ b) $\frac{2}{6} < \frac{5}{6}$ c) $\frac{2}{3} > \frac{1}{3}$ d) $\frac{17}{18} > \frac{7}{18}$

2 a) $\frac{1}{10} < \frac{2}{10} < \frac{5}{10} < \frac{6}{10} < \frac{9}{10}$ b) $\frac{7}{7} > \frac{6}{7} > \frac{5}{7} > \frac{3}{7} > \frac{1}{7}$

3 a) $\frac{9}{12} > \frac{4}{6}$, denn $\frac{9}{12} > \frac{8}{12}$ b) $\frac{7}{10} > \frac{5}{8}$, denn $\frac{28}{40} > \frac{25}{40}$

c) $\frac{2}{7} = \frac{6}{21}$, denn $\frac{6}{21} = \frac{6}{21}$ d) $\frac{4}{5} > \frac{6}{8}$, denn $\frac{32}{40} > \frac{30}{40}$

Echte Brüche am Zahlenstrahl ablesen

Der Zahlenstrahl ist zwischen 0 und 1 noch feiner unterteilt.

In welchen feinen Schritten zählt der Zahlenstrahl?
Zähle die Schritte von 0 bis 1. Schreibe die Anzahl in den **Nenner**.

Wie viele Schritte sind es bis zum gesuchten Bruch?
Schreibe die Zahl in den **Zähler**.

Welcher Bruch ist gesucht?

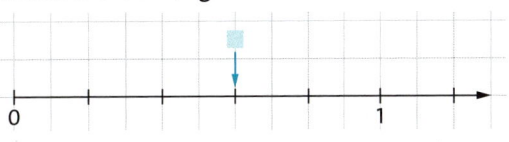

Der gesuchte Bruch liegt zwischen 0 und 1.

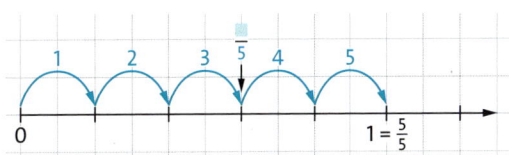

Von 0 bis 1 sind es 5 gleich große Schritte.
Der Zahlenstrahl zählt in Fünftel-Schritten.

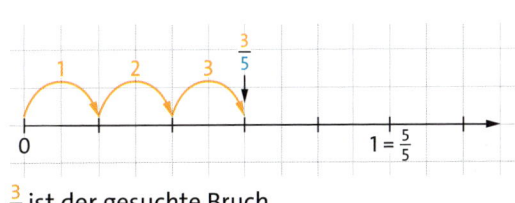

$\frac{3}{5}$ ist der gesuchte Bruch.

1 In welchen feinen Schritten zählt der Zahlenstrahl?

a)
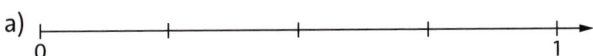

b)
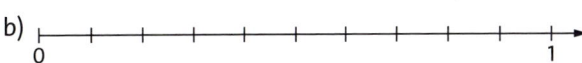

2 Welcher Bruch ist gesucht?

a)
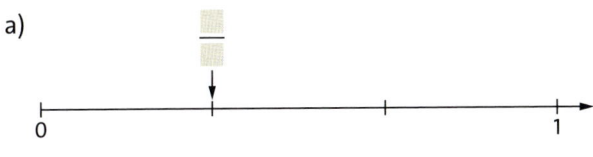

b)
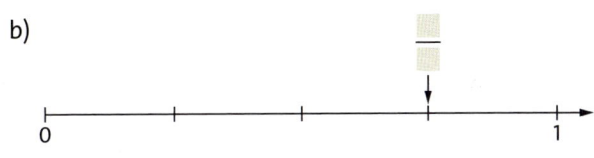

c)
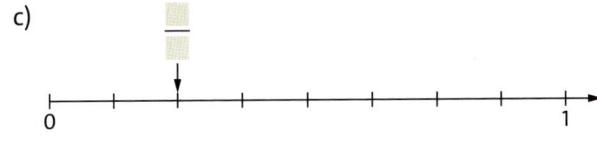

d)
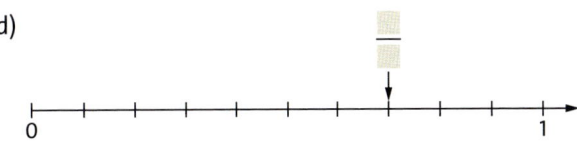

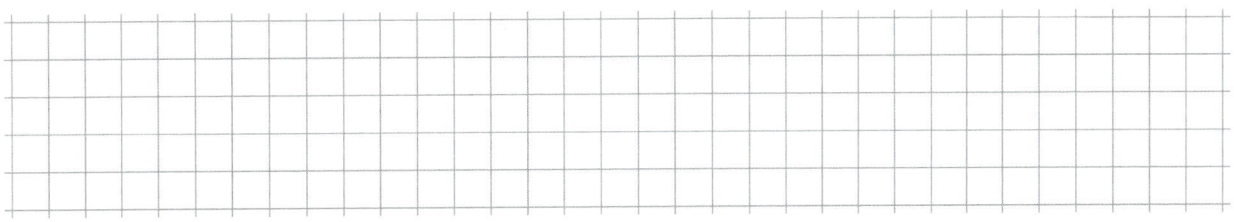

Lösungen

1 a) in Viertel-Schritten

b) in Zehntel-Schritten

2 a) $\frac{1}{3}$ b) $\frac{3}{4}$ c) $\frac{2}{8}$ d) $\frac{7}{10}$

Echte Brüche am Zahlenstrahl eintragen

Zeichne einen Zahlenstrahl. Markiere links die 0.

In welchen feinen Schritten soll der Zahlenstrahl zählen? Lies am Nenner ab.

Zeichne von der 0 aus so viele gleich große Schritte, wie der Nenner es angibt.

> Jeder feine Schritt kann zum Beispiel 1 Kästchen oder 1 cm lang sein.

Beschrifte den Zahlenstrahl. Markiere die gesuchte Zahl zum Beispiel mit einem Kreuz.

Trage $\frac{4}{7}$ am Zahlenstrahl ein.

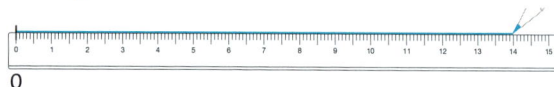

Der Zahlenstrahl soll in Siebtel-Schritten zählen.

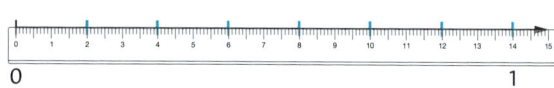

Zeichne von der 0 aus 7 gleich große Schritte. Markiere am 7. Schritt die 1.

---

1 Beschrifte den Zahlenstrahl.

a)
$$\frac{3}{4} \quad \frac{4}{4} \quad \frac{2}{4} \quad \frac{1}{4}$$

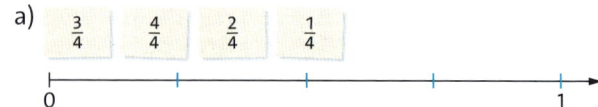

b)
$$\frac{3}{6} \quad \frac{6}{6} \quad \frac{4}{6} \quad \frac{1}{6} \quad \frac{5}{6} \quad \frac{2}{6}$$

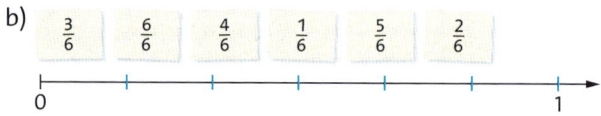

2 Trage die Brüche am Zahlenstrahl ein.

a) $\frac{5}{6}$; $\frac{2}{6}$; $\frac{1}{6}$; $\frac{3}{6}$

b) $\frac{7}{10}$; $\frac{2}{10}$; $\frac{9}{10}$

3 Zeichne einen Zahlenstrahl und trage die Werte ein.
Tipp Jeder feine Schritt ist 1 cm lang. Rechne $\frac{1}{2}$ und 1 zuerst in Achtel um.

$$\frac{3}{8}; \frac{5}{8}; \frac{1}{8}; \frac{1}{2}; \frac{8}{8}; \frac{7}{8}; 1$$

Lösungen

1 a)

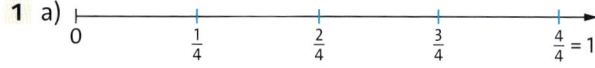

b)

2 a)

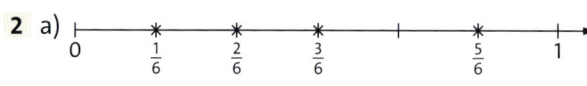

b)

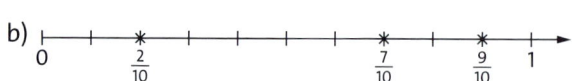

3

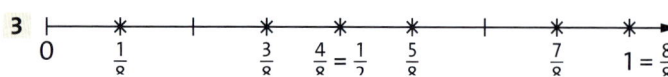

Teste dich!

1 Berechne.

a) $\frac{6}{11} + \frac{5}{11}$ b) $\frac{17}{31} + \frac{5}{31}$

c) $\frac{12}{17} - \frac{5}{17}$ d) $\frac{23}{25} - \frac{8}{25}$

2 Addiere. Beschreibe dein Vorgehen.

 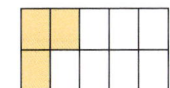

3 Berechne.

a) $\frac{4}{9} + \frac{11}{27}$ b) $\frac{2}{5} + \frac{1}{6}$

c) $\frac{27}{35} - \frac{5}{7}$ d) $\frac{5}{6} - \frac{3}{4}$

4 Berechne die gemischten Zahlen.

Tipp Vorsicht bei der Subtraktion.

a) $9\frac{4}{5} + 8\frac{2}{5}$ b) $8\frac{3}{32} + 6\frac{7}{8}$

c) $2\frac{3}{7} - 1\frac{4}{7}$ d) $2\frac{1}{5} - 1\frac{2}{3}$

5 Herr Delany kauft $3\frac{1}{4}$ t Blumenerde und Frau Kaufmann $\frac{1}{4}$ t Blumenerde. Wie viel Erde ist danach noch übrig?

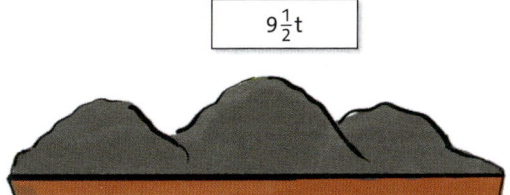

6 Zahlenrätsel:
Berechne die gesuchte Zahl.

a) Mia denkt sich eine Zahl und addiert $\frac{1}{6}$.
Das Ergebnis ist $\frac{7}{12}$.

b) Igor denkt sich eine Zahl und subtrahiert $\frac{1}{4}$.
Das Ergebnis ist $\frac{5}{6}$.

1 Berechne und kürze dein Ergebnis.

a) $\frac{19}{24} + \frac{3}{24}$ b) $\frac{15}{32} - \frac{7}{32}$

c) $\frac{23}{45} + \frac{12}{45}$ d) $\frac{43}{56} - \frac{8}{56}$

2 Addiere. Beschreibe dein Vorgehen.

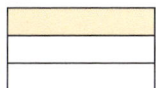 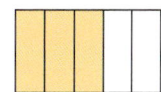

3 Berechne und kürze das Ergebnis.

a) $\frac{3}{5} + \frac{2}{6}$ b) $\frac{41}{42} - \frac{5}{6}$

c) $\frac{6}{10} - \frac{3}{8}$ d) $\frac{1}{9} + \frac{5}{6}$

4 Berechne.
Beschreibe dein Vorgehen.

a) $11\frac{3}{4} + 2\frac{7}{12}$ b) $16\frac{17}{48} + 25\frac{5}{12}$

c) $4\frac{1}{6} - 3\frac{3}{4}$ d) $5\frac{5}{7} - 3\frac{2}{3}$

5 Familie König geht wandern. Nach $1\frac{1}{3}$ h machen sie eine halbe Stunde Pause. Wie viel Zeit bleibt nach der Pause?

6 Zahlenrätsel:
Berechne die gesuchte Zahl.

a) Ein Bruch und $\frac{3}{8}$ werden addiert.
Von der Summe wird $\frac{3}{4}$ subtrahiert.
Man erhält $\frac{1}{8}$.

a) Von einem Bruch wird $\frac{5}{9}$ subtrahiert.
Zu der Differenz wird $\frac{5}{6}$ addiert.
Man erhält $\frac{17}{18}$.

Checkliste

Nr.	mathematische Fähigkeit (Kompetenz)	☺	☹	☹	Hast du etwas falsch gemacht? Wo lag dein Fehler?	Hier kannst du dich verbessern.
1	Ich kann gleichnamige Brüche addieren und subtrahieren.					S. 19
2	Ich kann ungleichnamige Brüche anhand von Figuren addieren.					S. 19
3	Ich kann ungleichnamige Brüche addieren und subtrahieren.					S. 19
4	Ich kann gemischte Zahlen addieren und subtrahieren.					S. 20–21
5	Ich kann Sachaufgaben zur Subtraktion von Brüchen lösen.					S. 21
6	Ich kann Zahlenrätsel mit Brüchen lösen.					S. 19

Brüche addieren und subtrahieren

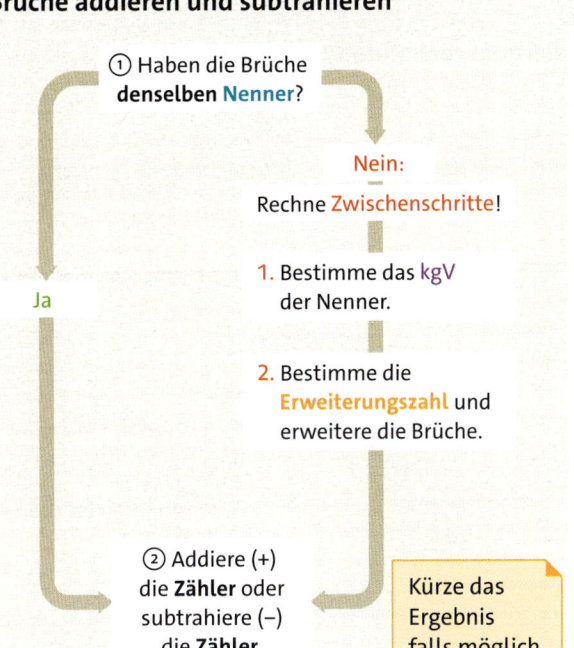

① Haben die Brüche **denselben Nenner**?

Ja

Nein:
Rechne Zwischenschritte!

1. Bestimme das kgV der Nenner.

2. Bestimme die **Erweiterungszahl** und erweitere die Brüche.

② Addiere (+) die **Zähler** oder subtrahiere (−) die **Zähler**.

Kürze das Ergebnis falls möglich.

Berechne.

a) $\frac{5}{8} - \frac{3}{8}$ b) $\frac{1}{2} - \frac{2}{5}$

derselbe Nenner   verschiedene Nenner

1. kgV (2; 5)
$V_2 = \{2; 4; 6; 8; ⑩; ...\}$
$V_5 = \{5; ⑩; 15; ...\}$

2. $2 \cdot \blacksquare = 10$, also ist die Erweiterungszahl 5.
$\frac{1}{2} \overset{\cdot 5}{\underset{\cdot 5}{=}} \frac{5}{10}$

$5 \cdot \blacksquare = 10$, also ist die Erweiterungszahl 2.
$\frac{2}{5} \overset{\cdot 2}{\underset{\cdot 2}{=}} \frac{4}{10}$

mit 2 gekürzt

$\frac{5-3}{8} = \frac{2}{8} = \frac{1}{4}$ $\frac{5}{10} - \frac{4}{10} = \frac{5-4}{10} = \frac{1}{10}$

---

1 Welche Aufgabe ist dargestellt? Berechne.

a) 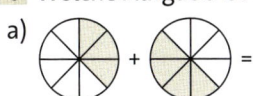   b) 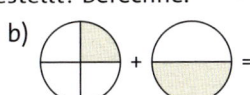   c) 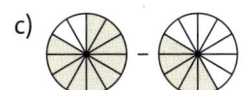   d)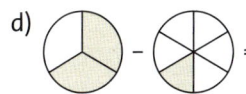

2 Addiere die Brüche.

a) $\frac{1}{4} + \frac{2}{4}$ b) $\frac{1}{6} + \frac{2}{3}$ c) $\frac{2}{5} + \frac{1}{2}$ d) $\frac{3}{4} + \frac{3}{5}$

3 Subtrahiere die Brüche.

a) $\frac{7}{9} - \frac{4}{9}$ b) $\frac{4}{5} - \frac{3}{10}$ c) $\frac{5}{6} - \frac{3}{4}$ d) $\frac{5}{8} - \frac{1}{6}$

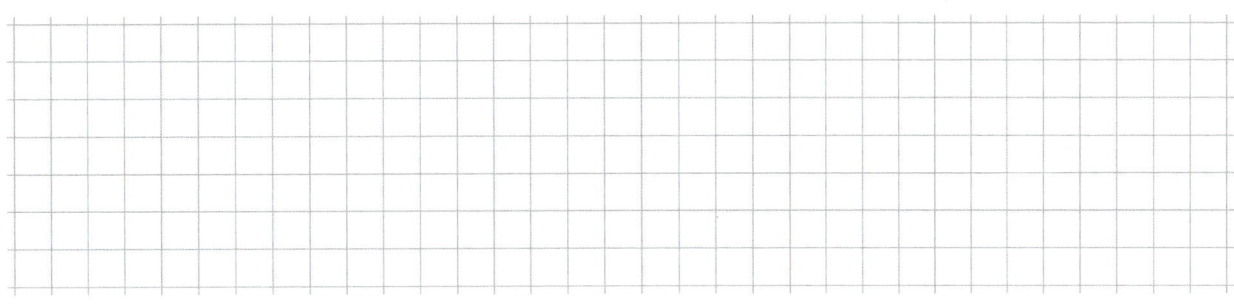

Lösungen

1 a) $\frac{3}{8} + \frac{4}{8} = \frac{3+4}{8} = \frac{7}{8}$ b) $\frac{1}{4} + \frac{1}{2} = \frac{1}{4} + \frac{2}{4} = \frac{1+2}{4} = \frac{3}{4}$ c) $\frac{10}{12} - \frac{5}{12} = \frac{10-5}{12} = \frac{5}{12}$ d) $\frac{2}{3} - \frac{1}{6} = \frac{4}{6} - \frac{1}{6} = \frac{4-1}{6} = \frac{3}{6} = \frac{1}{2}$

2 a) $\frac{3}{4}$ b) $\frac{1+4}{6} = \frac{5}{6}$ c) $\frac{4+5}{10} = \frac{9}{10}$ d) $\frac{15+12}{20} = \frac{27}{20} = 1\frac{7}{20}$

3 a) $\frac{3}{9} = \frac{1}{3}$ b) $\frac{8-3}{10} = \frac{5}{10} = \frac{1}{2}$ c) $\frac{10-9}{12} = \frac{1}{12}$ d) $\frac{15-4}{24} = \frac{11}{24}$

Gemischte Zahlen addieren

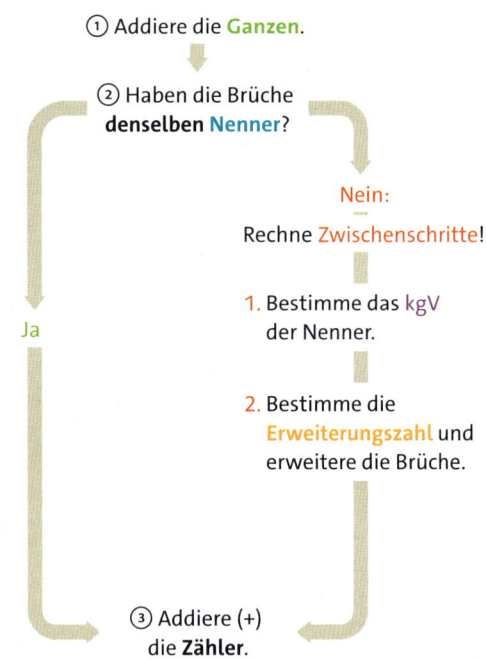

① Addiere die Ganzen.

② Haben die Brüche **denselben** Nenner?

Nein:
Rechne Zwischenschritte!

1. Bestimme das kgV der Nenner.

2. Bestimme die Erweiterungszahl und erweitere die Brüche.

Ja

③ Addiere (+) die **Zähler**.

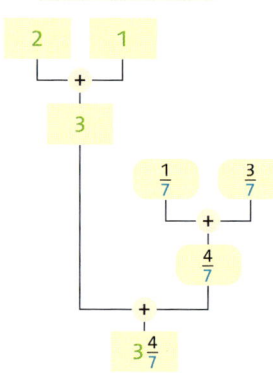

Addiere die gemischten Zahlen.

a) $2\frac{1}{7} + 1\frac{3}{7}$

b) $2\frac{2}{3} + 1\frac{1}{6}$

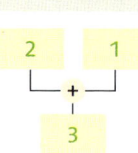

derselbe Nenner

verschiedene Nenner

1. kgV $(3; 6)$
$V_3 = \{3; 6; 9; ...\}$
$V_6 = \{6; 12; 18; ...\}$

2. $3 \cdot \blacksquare = 6$, also ist die Erweiterungszahl 2.

$\frac{2}{3} \overset{\cdot 2}{\underset{\cdot 2}{=}} \frac{4}{6}$

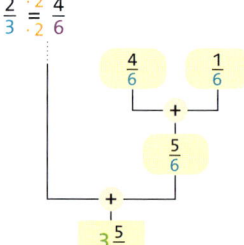

Kürze das Ergebnis falls möglich.

---

1 Addiere die gemischten Zahlen.

a) $1\frac{3}{5} + 1\frac{1}{5}$

b) $3\frac{1}{4} + 2\frac{1}{4}$

c) $5\frac{2}{3} + 2\frac{2}{9}$

d) $4\frac{2}{5} + 2\frac{1}{2}$

2 Welche Aufgabe ist dargestellt? Schreibe mit gemischten Zahlen und löse.

Tipp Bei b) ergeben die beiden Brüche mehr als ein Ganzes.

a)

b)

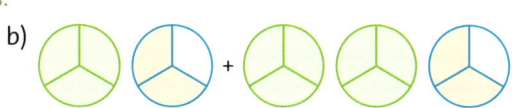

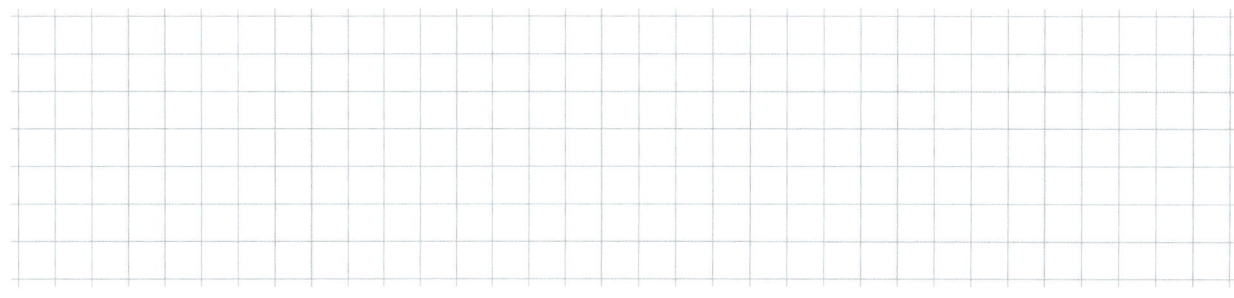

Lösungen

1 a) $2\frac{4}{5}$

b) $5\frac{2}{4} = 5\frac{1}{2}$

c) $5\frac{6}{9} + 2\frac{2}{9} = 7\frac{8}{9}$

d) $4\frac{4}{10} + 2\frac{5}{10} = 6\frac{9}{10}$

2 a) $3\frac{1}{4} + 1\frac{3}{4} = 4\frac{4}{4} = 5$

b) $1\frac{2}{3} + 2\frac{2}{3} = 3\frac{4}{3} = 3 + 1\frac{1}{3} = 4\frac{1}{3}$

Gemischte Zahlen subtrahieren

① Rechne die gemischten Zahlen in **unechte Brüche** um.

② Haben die Brüche **denselben Nenner**?

Nein:

Rechne Zwischenschritte!

1. Bestimme das kgV der Nenner.

2. Bestimme die **Erweiterungszahl** und erweitere die Brüche.

Ja

③ Subtrahiere (−) die **Zähler**.

Subtrahiere die gemischten Zahlen.

a) $3\frac{1}{4} - 2\frac{3}{4}$

b) $2\frac{2}{3} - 1\frac{3}{7}$

① $\frac{3 \cdot 4 + 1}{4} = \frac{13}{4}$ $\frac{2 \cdot 4 + 3}{4} = \frac{11}{4}$

① $\frac{2 \cdot 3 + 2}{3} = \frac{8}{3}$ $\frac{1 \cdot 7 + 3}{7} = \frac{10}{7}$

$\frac{13}{4} - \frac{11}{4}$

$\frac{8}{3} - \frac{10}{7}$

② derselbe Nenner

② verschiedene Nenner

1. kgV (3; 7)
V_3 = {3; 6; 9; 12; 15; 18; ㉑; ...}
V_7 = {7; 14; ㉑; ...}

2. 3 · ▪ = 21, also ist die Erweiterungszahl 7.
$\frac{8}{3} \overset{\cdot 7}{=} \frac{56}{21}$

7 · ▪ = 21, also ist die Erweiterungszahl 3.
$\frac{10}{7} \overset{\cdot 3}{=} \frac{30}{21}$

mit 2 gekürzt

③ $\frac{13 - 11}{4} = \frac{2}{4} = \frac{1}{2}$

Kürze das Ergebnis falls möglich.

③ $\frac{56 - 30}{21} = \frac{26}{21} = 1\frac{5}{21}$

---

1 Subtrahiere die gemischten Zahlen.

a) $4\frac{4}{5} - 2\frac{2}{5}$

b) $7\frac{3}{4} - 3\frac{1}{4}$

c) $5\frac{2}{3} - 4\frac{2}{9}$

d) $6\frac{1}{5} - 3\frac{1}{2}$

2 Welche Aufgabe ist dargestellt? Schreibe mit gemischten Zahlen und löse.

a) 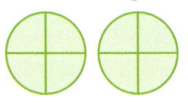 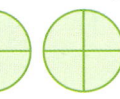 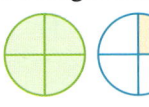 −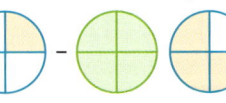

b)  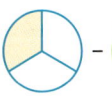 −

Lösungen

1 a) $\frac{24}{5} - \frac{12}{5} = \frac{12}{5} = 2\frac{2}{5}$ b) $\frac{31}{4} - \frac{13}{4} = \frac{18}{4} = 4\frac{2}{4} = 4\frac{1}{2}$ c) $\frac{17}{3} - \frac{38}{9} = \frac{51}{9} - \frac{38}{9} = \frac{13}{9} = 1\frac{4}{9}$ d) $\frac{31}{5} - \frac{7}{2} = \frac{62}{10} - \frac{35}{10} = \frac{27}{10} = 2\frac{7}{10}$

2 a) $3\frac{1}{4} - 1\frac{3}{4} = \frac{13}{4} - \frac{7}{4} = \frac{6}{4} = 1\frac{2}{4} = 1\frac{1}{2}$ b) $2\frac{1}{3} - 1\frac{2}{3} = \frac{7}{3} - \frac{5}{3} = \frac{2}{3}$

Teste dich!

1 Berechne die Größen.

a) $\frac{2}{3}$ von 15 cm   b) $\frac{3}{5}$ von 30 km

c) $\frac{3}{8}$ von 40 g   d) $\frac{6}{7}$ von 56 €

e) $\frac{3}{4}$ m   f) $\frac{3}{5}$ von 2 km

2 Ergänze die Tabelle im Heft.

Tipp Manchmal kannst du kürzen.

·	3	4	5	8
a) $\frac{3}{25}$				
b) $\frac{9}{64}$				

:	4	7	3	5
c) $\frac{10}{33}$				
d) $\frac{8}{9}$				

3 Multipliziere.

Tipp Manchmal kannst du kürzen.

a) $\frac{2}{7} \cdot \frac{3}{5}$ b) $\frac{5}{6} \cdot \frac{3}{8}$

c) $\frac{2}{3} \cdot \frac{4}{9}$ d) $\frac{3}{8} \cdot \frac{1}{3}$

e) $\frac{6}{11} \cdot \frac{7}{11}$ f) $\frac{12}{25} \cdot \frac{5}{6}$

4 Rechne mit gemischten Zahlen.

a) $5 \cdot 1\frac{5}{6}$ b) $7 \cdot 2\frac{6}{11}$

c) $\frac{2}{3} \cdot 1\frac{2}{9}$ d) $3\frac{5}{6} \cdot \frac{1}{4}$

e) $2\frac{1}{4} : 5$ f) $2\frac{3}{10} : 6$

5 Ein Baum wiegt $\frac{9}{10}$ t. Aus einem Baum lassen sich 7 Bretter machen.

a) Wie schwer ist die Hälfte von einem Baum?

b) Wie schwer ist ein Brett?

6 Dividiere.

Tipp Manchmal kannst du kürzen.

a) $\frac{3}{4} : \frac{3}{8}$ b) $\frac{1}{7} : \frac{3}{7}$

c) $\frac{2}{5} : \frac{4}{15}$ d) $\frac{2}{9} : \frac{5}{8}$

e) $\frac{2}{3} : \frac{3}{4}$ f) $\frac{4}{5} : \frac{2}{3}$

1 Berechne die Größen.

a) $\frac{2}{9}$ von 45 min   b) $\frac{1}{6}$ von 90 €

c) $\frac{5}{8}$ von 6 kg   d) $\frac{2}{3}$ von 39 t

e) $\frac{8}{11}$ von 121 dm   f) $\frac{7}{12}$ h

2 Ergänze die Tabelle im Heft.

Tipp Manchmal kannst du kürzen.

·	2	9	▦	11
a) $\frac{4}{5}$				
b) $\frac{1}{▦}$	$\frac{1}{5}$			
c) $\frac{3}{7}$			$\frac{18}{7}$	
d) $\frac{▦}{9}$		5		
e) $\frac{4}{9}$				

3 Multipliziere.

Tipp Kürze so weit wie möglich.

a) $\frac{2}{3} \cdot \frac{5}{10}$ b) $\frac{4}{21} \cdot \frac{7}{20}$

c) $\frac{3}{4} \cdot \frac{8}{9}$ d) $\frac{5}{8} \cdot \frac{5}{16}$

e) $\frac{5}{14} \cdot \frac{1}{7}$ f) $\frac{3}{6} \cdot \frac{5}{12}$

4 Berechne.

a) $6 \cdot 1\frac{5}{14}$ b) $2\frac{3}{35} \cdot 8$

c) $\frac{2}{5} \cdot 3\frac{5}{7}$ d) $2\frac{5}{8} \cdot \frac{5}{12}$

e) $1\frac{6}{7} : 12$ f) $2\frac{12}{13} : 3$

5 Ein Stück Kuchen beim Bäcker wiegt $\frac{3}{13}$ kg.

Jan isst drei Viertel von einem Stück. Sabine und Jana teilen sich ein Stück. Wie viel Kuchen hat jeder gegessen?

6 Dividiere.

Tipp Kürze so weit wie möglich.

a) $\frac{7}{10} : \frac{4}{5}$ b) $\frac{5}{12} : \frac{7}{8}$

c) $\frac{5}{9} : \frac{1}{3}$ d) $\frac{5}{7} : \frac{4}{7}$

e) $\frac{1}{7} : \frac{2}{21}$ f) $\frac{3}{5} : \frac{1}{2}$

Checkliste

Nr.	mathematische Fähigkeit (Kompetenz)	☺	☺	☹	Hast du etwas falsch gemacht? Wo lag dein Fehler?	Hier kannst du dich verbessern.
1	Ich kann Anteile von Größen berechnen.					S. 24
2	Ich kann Brüche mit natürlichen Zahlen multiplizieren und die Umkehrung bilden.					S. 25
3	Ich kann Brüche multiplizieren.					S. 26
4	Ich kann gemischte Brüche multiplizieren und dividieren.					S. 25 S. 26
5	Ich kann Sachaufgaben zur Multiplikation und Division von Brüchen lösen.					S. 26
6	Ich kann Brüche dividieren.					S. 26 S. 28

Anteile von Ganzen und Anteile von Größen

Der **Anteil von einem Ganzen** ist ein Bruch.

$\frac{\text{Zähler}}{\text{Nenner}}$

① In wie viele Teile wurde das Ganze geteilt? Schreibe die Zahl in den Nenner.

② Wie viele Teile davon wurden genommen? Schreibe die Zahl in den Zähler.

So berechnest du den **Anteil von einer Größe**:

① Dividiere (:) die Größe durch den Nenner.
② Multipliziere (·) das Ergebnis mit dem Zähler.

Die Rechnung dazu lautet:

a) Gib den Anteil von der ganzen Holzleiste an.

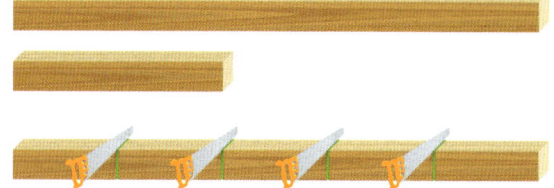

Die Holzleiste wurde in 5 gleich große Teile geteilt. Jeder Teil ist ein Fünftel.

zwei Fünftel

Davon wurden 2 Teile genommen.
Also ist der Anteil von der ganzen Holzleiste $\frac{2}{5}$.

b) Wie viel sind $\frac{2}{5}$ von 50 cm?

Teile in Fünftel.   Nimm 2 davon.

1 Gib den Anteil vom Ganzen in Bild ③ an.

Tipp zu a) Beschreibe die Bilder: Der Saft wird auf ▢ Gläser verteilt. Davon werden ▢ genommen.

a) ①  ②   ③

b) ① 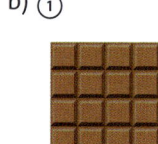 ②  ③

100 g

2 Berechne den Anteil von der Größe aus Aufgabe 1.

Tipp Ergänze die Rechnung im Heft.

Lösungen

1 a) $\frac{2}{3}$ b) $\frac{3}{4}$

2 a) $300 \xrightarrow{:3} 100 \xrightarrow{\cdot 2} 200$
Der Anteil beträgt 200 mℓ.

   b) $100 \xrightarrow{:4} 25 \xrightarrow{\cdot 3} 75$
Der Anteil beträgt 75 g.

Brüche mit natürlichen Zahlen multiplizieren

Auf 3 Tellern ist $\frac{1}{4}$ von der Pizza übriggeblieben. Wie viel ist das zusammen?

3-mal ein Viertel: $3 \cdot \frac{1}{4}$

So multiplizierst du einen Bruch mit einer natürlichen Zahl:

① Schreibe die **natürliche Zahl** und das Mal-Zeichen (·) mit auf den Bruchstrich.

② Multipliziere (·) die **natürliche Zahl** mit dem **Zähler**, der **Nenner** bleibt gleich.

a) $3 \cdot \frac{1}{4} = \frac{3 \cdot 1}{4}$

$= \frac{3}{4}$

Kürze falls möglich.

b) $5 \cdot \frac{3}{10} = \frac{\overset{1}{5} \cdot 3}{\underset{2}{10}} = \frac{1 \cdot 3}{2}$

$= \frac{3}{2} = 1\frac{1}{2}$

1 Schreibe als Multiplikationsaufgabe und löse.

Tipp Bei c) und d) kannst du auch schon vor dem Multiplizieren kürzen.

a)
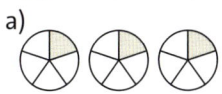

b)
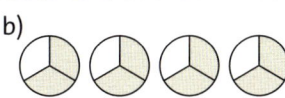

c)
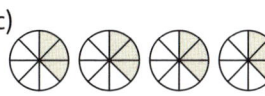

d)
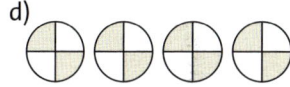

2 Multipliziere.

a) $2 \cdot \frac{1}{2}$

b) $3 \cdot \frac{4}{5}$

c) $4 \cdot \frac{2}{5}$

d) $\frac{5}{6} \cdot 7$

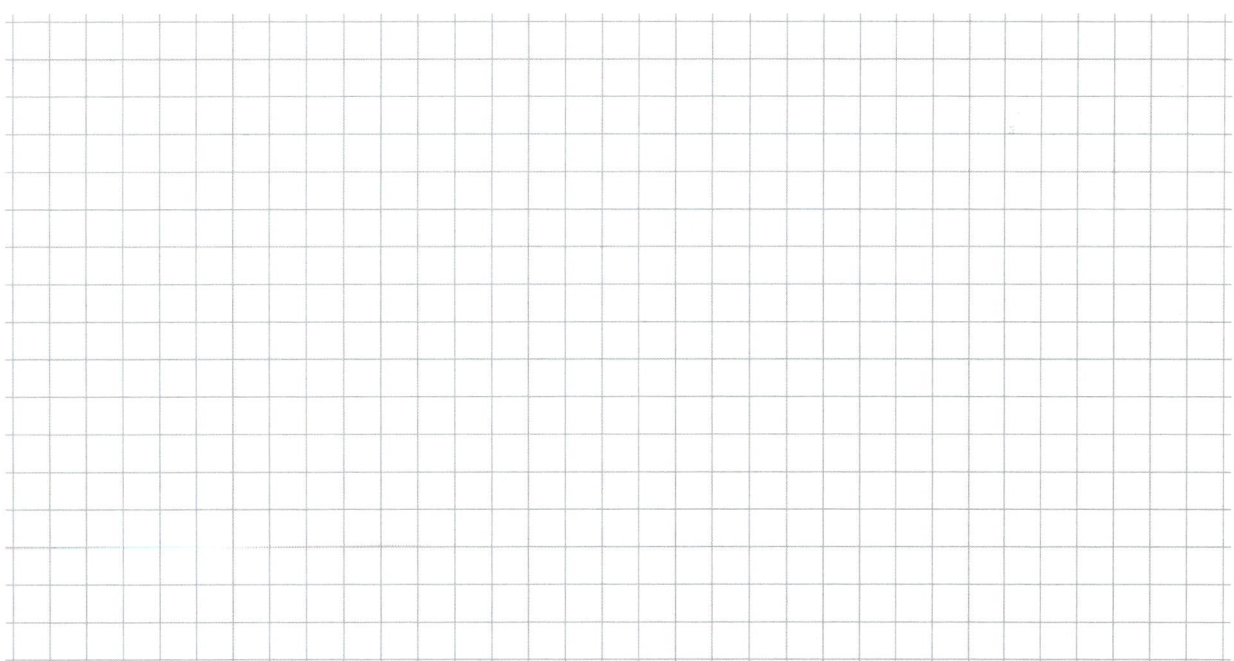

Lösungen

1 a) $3 \cdot \frac{1}{5} = \frac{3 \cdot 1}{5} = \frac{3}{5}$

b) $4 \cdot \frac{2}{3} = \frac{4 \cdot 2}{3} = \frac{8}{3} = 2\frac{2}{3}$

c) $4 \cdot \frac{3}{8} = \frac{\overset{1}{4} \cdot 3}{\underset{2}{8}} = \frac{3}{2} = 1\frac{1}{2}$

d) $4 \cdot \frac{2}{4} = \frac{\overset{1}{4} \cdot 2}{\underset{1}{4}} = \frac{2}{1} = 2$

2 a) $2 \cdot \frac{1}{2} = \frac{\overset{1}{2} \cdot 1}{\underset{1}{2}} = \frac{1}{1} = 1$

b) $3 \cdot \frac{4}{5} = \frac{3 \cdot 4}{5} = \frac{12}{5} = 2\frac{2}{5}$

c) $4 \cdot \frac{2}{5} = \frac{4 \cdot 2}{5} = \frac{8}{5} = 1\frac{3}{5}$

d) $\frac{5}{6} \cdot 7 = \frac{5 \cdot 7}{6} = \frac{35}{6} = 5\frac{5}{6}$

Brüche multiplizieren

Wenn man einen Anteil von einem Bruch nimmt, dann wird das Ergebnis kleiner.

Ich nehme $\frac{3}{4}$ von $\frac{2}{3}$ der Schokolade. Wie viel ist das?

$\frac{2}{3}$ der Schokolade sind noch da.

Ich teile in 4 Teile. Das sind $\frac{2}{12}$.

Davon nehme ich 3. Das sind $\frac{6}{12} = \frac{1}{2}$.

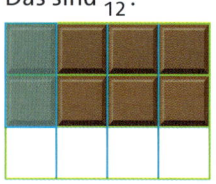

Anteile von Brüchen kann man als Multiplikation schreiben.

So multiplizierst du zwei Brüche:

① Schreibe die Aufgabe auf einen Bruchstrich.

② Kürze, wenn möglich.

③ Multipliziere ($\cdot$):
Zähler · Zähler und
Nenner · Nenner

a) $\frac{3}{4} \cdot \frac{2}{3}$

$\frac{3 \cdot 2}{4 \cdot 3}$

$\frac{{}^1\!\cancel{3} \cdot 2}{4 \cdot \cancel{3}_1} = \frac{1 \cdot \cancel{2}^1}{{}_2\cancel{4} \cdot 1}$

$\frac{1 \cdot 1}{2 \cdot 1} = \frac{1}{2}$

b) $\frac{4}{9} \cdot \frac{3}{5}$

$\frac{4 \cdot 3}{9 \cdot 5}$

$\frac{4 \cdot \cancel{3}^1}{_3\cancel{9} \cdot 5}$

$\frac{4 \cdot 1}{3 \cdot 5} = \frac{4}{15}$

---

1 Welche Aufgabe ist dargestellt? Berechne.

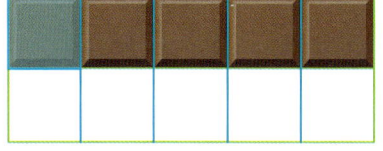
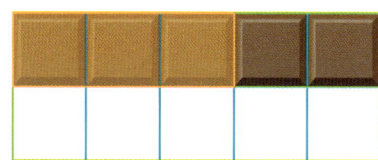

_____ der Schokolade ist noch da.

Ich teile in _____ Teile.

Das ist _____.

Davon nehme ich _____.

Das sind _____.

Die Aufgabe lautet: _____

2 Multipliziere die Brüche.

a) $\frac{1}{3} \cdot \frac{4}{5}$

b) $\frac{7}{10} \cdot \frac{3}{7}$

c) $\frac{5}{12} \cdot \frac{10}{6}$

d) $\frac{2}{5} \cdot \frac{15}{8}$

Lösungen

1 $\frac{1}{2}$ der Schokolade ist noch da. Ich teile in 5 Teile. Das ist $\frac{1}{10}$. Davon nehme ich 3. Das sind $\frac{3}{10}$.
Die Aufgabe lautet: $\frac{1}{2} \cdot \frac{3}{5} = \frac{1 \cdot 3}{2 \cdot 5} = \frac{3}{10}$

2 a) $\frac{1 \cdot 4}{3 \cdot 5} = \frac{4}{15}$

b) $\frac{{}^1\!\cancel{7} \cdot 3}{10 \cdot \cancel{7}_1} = \frac{1 \cdot 3}{10 \cdot 1} = \frac{3}{10}$

c) $\frac{5 \cdot \cancel{10}^5}{_6\cancel{12} \cdot 6} = \frac{5 \cdot 5}{6 \cdot 6} = \frac{25}{36}$

d) $\frac{{}^1\!\cancel{2} \cdot \cancel{15}^3}{_1\cancel{5} \cdot \cancel{8}_4} = \frac{1 \cdot 3}{1 \cdot 4} = \frac{3}{4}$

Brüche durch natürliche Zahlen dividieren

$\frac{1}{4}$ von der Pizza ist übriggeblieben.
2 Kinder wollen sich den Rest teilen.
Wie viel bekommt jeder?

durchschneiden

Die Hälfte von einem Viertel ist ein Achtel.

Du dividierst einen Bruch durch eine natürliche Zahl, indem du den Nenner mit der natürlichen Zahl multiplizierst:

① Schreibe die natürliche Zahl und ein Mal-Zeichen (·) mit unter den Bruchstrich.

② Multipliziere (·) den Nenner mit der natürlichen Zahl, der Zähler bleibt gleich.

a) $\frac{1}{4} : 2 = \frac{1}{4 \cdot 2}$

$= \frac{1}{8}$

Kürze falls möglich.

b) $\frac{9}{10} : 3 = \frac{\overset{3}{9}}{10 \cdot \underset{1}{3}} = \frac{3}{10 \cdot 1}$

$= \frac{3}{10}$

---

1 Schreibe als Divisionsaufgabe und löse.

Tipp Bei b) kannst du auch schon vor dem Multiplizieren kürzen.

a) 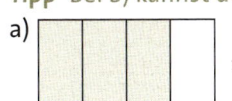 : 2

b) 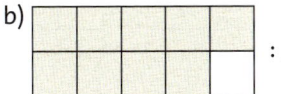 : 3

c) 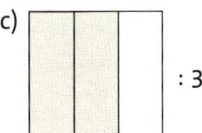 : 3

d) 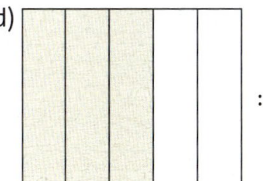 : 4

2 Dividiere.

Tipp Kürze bei c).

a) $\frac{1}{3} : 2$　　　b) $\frac{2}{5} : 3$　　　c) $\frac{4}{5} : 8$　　　d) $\frac{6}{7} : 5$

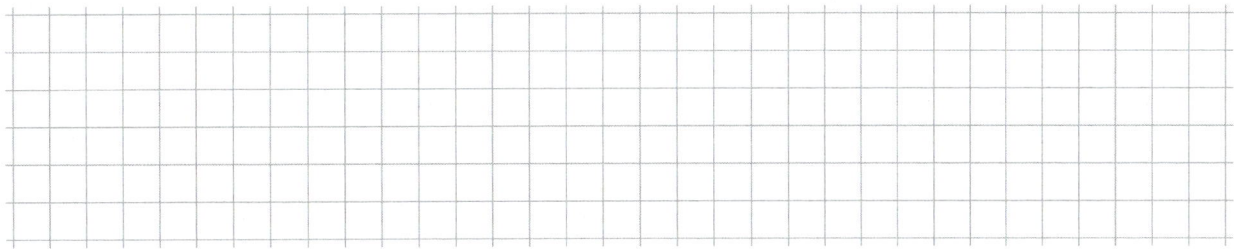

Lösungen

1 a) $\frac{3}{4} : 2 = \frac{3}{4 \cdot 2} = \frac{3}{8}$

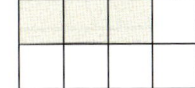

b) $\frac{9}{10} : 3 = \frac{\overset{3}{9}}{10 \cdot \underset{1}{3}} = \frac{3}{10}$

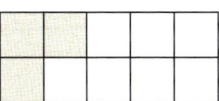

c) $\frac{2}{3} : 3 = \frac{2}{3 \cdot 3} = \frac{2}{9}$

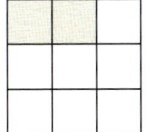

d) $\frac{3}{5} : 4 = \frac{3}{5 \cdot 4} = \frac{3}{20}$

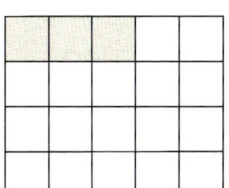

2 a) $\frac{1}{6}$　　　b) $\frac{2}{15}$　　　c) $\frac{\overset{1}{4}}{\underset{10}{40}} = \frac{1}{10}$　　　d) $\frac{6}{35}$

Brüche dividieren

Dividiere:

① Schreibe die Aufgabe um:
- schreibe mal ($\cdot$) statt geteilt ($:$)
- vertausche beim 2. Bruch den Zähler und den Nenner.

$\frac{2}{3} : \frac{4}{5}$

$\frac{4}{5} \xrightarrow{\text{Kehrwert}} \frac{5}{4}$

> Teile ($:$) durch einen Bruch, indem du mit dem **Kehrwert** malnimmst.

$= \frac{2}{3} \cdot \frac{5}{4}$

② Schreibe die Aufgabe auf einen Bruchstrich.

$= \frac{\overset{1}{2} \cdot 5}{3 \cdot \underset{2}{4}}$

> **Kürze** falls möglich.

③ Multipliziere ($\cdot$): Zähler $\cdot$ Zähler und Nenner $\cdot$ Nenner

$= \frac{5}{6}$

---

1 Welche Aufgabe ist dargestellt? Löse.

Tipp Wie oft passt der zweite Bruch in den ersten Bruch?

a) 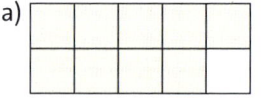 : 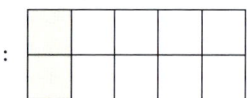   b)  :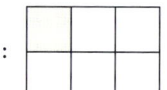

c) 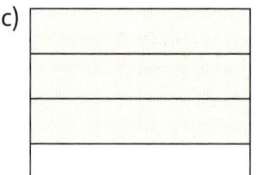 : 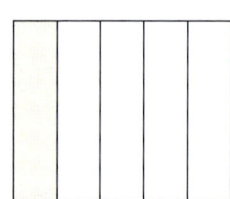 = 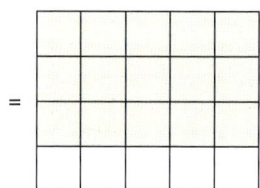 :

2 Dividiere.

Tipp Kürze falls möglich.

a) $\frac{2}{5} : \frac{1}{5}$ b) $\frac{1}{2} : \frac{3}{4}$ c) $\frac{3}{8} : \frac{4}{9}$ d) $\frac{3}{5} : \frac{9}{10}$

Lösungen

1 a) $\frac{9}{10} : \frac{2}{10} = \frac{9}{10} \cdot \frac{10}{2} = \frac{9 \cdot \overset{1}{10}}{\underset{1}{10} \cdot 2} = \frac{9}{2} = 4\frac{1}{2}$ b) $\frac{1}{2} : \frac{1}{6} = \frac{1}{2} \cdot \frac{6}{1} = \frac{1 \cdot \overset{3}{6}}{\underset{1}{2} \cdot 1} = \frac{3}{1} = 3$

c) $\frac{3}{4} : \frac{1}{5} = \frac{15}{20} : \frac{4}{20} = \frac{15}{20} \cdot \frac{20}{4} = \frac{15 \cdot \overset{1}{20}}{\underset{1}{20} \cdot 4} = \frac{15}{4} = 3\frac{3}{4}$

2 a) $\frac{2}{5} \cdot \frac{5}{1} = \frac{2 \cdot \overset{1}{5}}{\underset{1}{5} \cdot 1} = \frac{2}{1} = 2$ b) $\frac{1}{2} \cdot \frac{4}{3} = \frac{1 \cdot \overset{2}{4}}{\underset{1}{2} \cdot 3} = \frac{2}{3}$

c) $\frac{3}{8} \cdot \frac{9}{4} = \frac{3 \cdot 9}{8 \cdot 4} = \frac{27}{32}$ d) $\frac{3}{5} \cdot \frac{10}{9} = \frac{\overset{1}{3} \cdot \overset{2}{10}}{\underset{1}{5} \cdot \underset{3}{9}} = \frac{2}{3}$

Teste dich!

1 Welche Körper sind abgebildet? Benenne zwei Unterschiede und zwei Gemeinsamkeiten.

 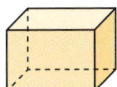

2 Zeichne das Schrägbild und das Netz.
a) Würfel: a = 5 cm
b) Quader: a = 4 cm; b = 2 cm; c = 1 cm

3 Rechne in die angegebene Einheit um.
a) 70 cm³ = ▧ mm³
b) 26 000 mm³ = ▧ cm³
c) 80 000 dm³ = ▧ m³
d) 45 000 dm³ = ▧ cm³

4 Welche Figur ist größer? Begründe.

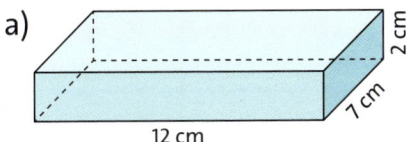

5 Berechne das Volumen und den Oberflächeninhalt.

a)
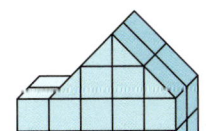

12 cm, 7 cm, 2 cm

b) Würfel mit a = 9 cm

6 Eine Schachtel ist 15 cm lang, 15 cm breit und 10 cm hoch.
Wie viel Papier benötigt man, um die Schachtel zu bekleben?

2 Zeichne das Schrägbild und das Netz.
a) Würfel: a = 35 mm
b) Quader: a = 20 mm; b = 3,5 cm; c = 6 cm

3 Rechne schrittweise um.
a) 47 m³ = ▧ cm³
b) 82 000 000 mm³ = ▧ dm³
c) 13 000 dm³ = ▧ mm³
d) 550 000 000 cm³ = ▧ m³

4 Welche Figur ist größer? Begründe.

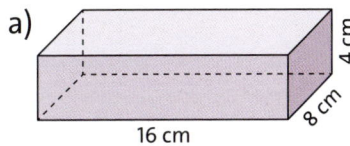

5 Berechne das Volumen und den Oberflächeninhalt.

a)
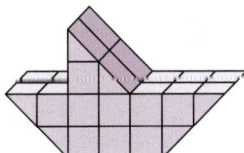

16 cm, 8 cm, 4 cm

b) Würfel mit a = 13 cm

6 Eine Tischplatte soll gestrichen werden. Sie ist 250 cm lang, 200 cm breit und 5 cm hoch.
Wie groß ist die Fläche, die gestrichen wird?

Checkliste

Nr.	mathematische Fähigkeit (Kompetenz)	☺	☺	☹	Hast du etwas falsch gemacht? Wo lag dein Fehler?	Hier kannst du dich verbessern.
1	Ich kenne die Eigen-schaften von Würfeln und Quadern.					S. 31
2	Ich kann Schrägbilder und Netze von Würfeln und Quadern zeichnen.					S. 38–40
3	Ich kann Volumeneinheiten umrechnen.					S. 34–37
4	Ich kann Volumen vergleichen.					S. 41
5	Ich kann das Volumen von Quadern und Würfeln berechnen.					S. 42
6	Ich kann Sachaufgaben zum Oberflächeninhalt von Quadern lösen.					S. 33

Fachbegriffe bei Körpern

Körper werden von Flächen begrenzt.
Wenn zwei Flächen zusammentreffen, entsteht eine Kante.
Wenn drei oder mehr Kanten zusammentreffen, entsteht eine Ecke.

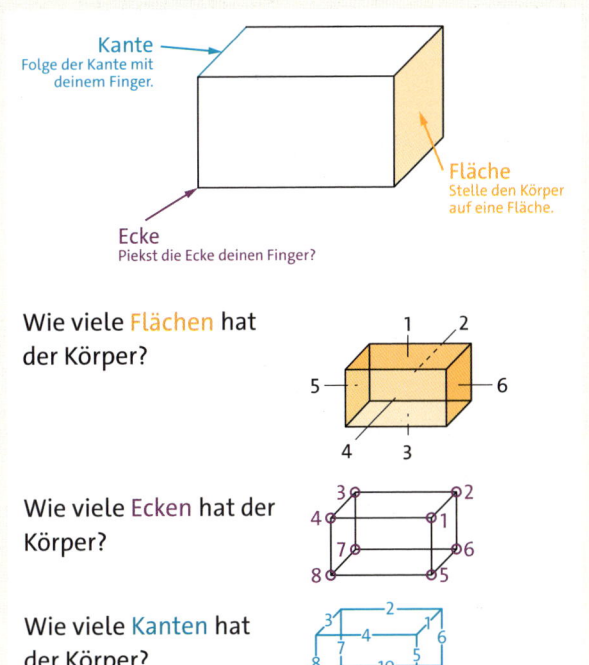

Kante
Folge der Kante mit deinem Finger.

Fläche
Stelle den Körper auf eine Fläche.

Ecke
Piekst die Ecke deinen Finger?

Flächen, Ecken und Kanten eines Körpers kann man zählen.

Wie viele Flächen hat der Körper?

Hast du den Körper in der Hand, dann drehe ihn zum Zählen.

Wie viele Ecken hat der Körper?

Wenn du nur ein Bild siehst, musst du dir den Körper vorstellen.

Wie viele Kanten hat der Körper?

1 Was ist markiert? Benenne mit den Fachbegriffen.

a)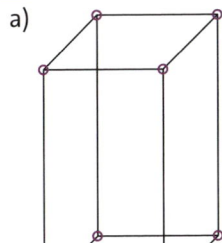

b)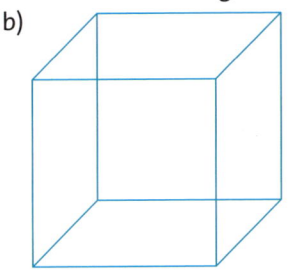

c)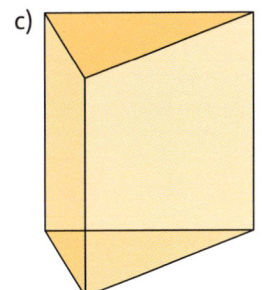

d)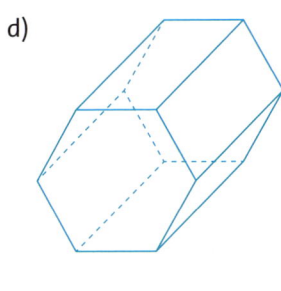

2 Zähle die Flächen, Ecken und Kanten in Aufgabe 1.

Lösungen

1 a) Ecken   b) Kanten   c) Flächen   d) Kanten

2 a) 6 Flächen, 8 Ecken, 12 Kanten   b) 6 Flächen, 8 Ecken, 12 Kanten
c) 5 Flächen, 6 Ecken, 9 Kanten   d) 8 Flächen, 12 Ecken, 18 Kanten

Oberflächeninhalt berechnen: Würfel

So berechnest du den Oberflächeninhalt O von einem Würfel:

Berechne den Oberflächeninhalt des Würfels:
a = 4 cm

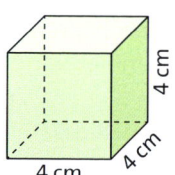

① Würfelnetz skizzieren/vorstellen
Wie lang sind die Seiten der einzelnen Flächen?

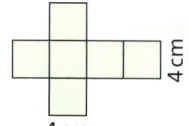

Es gibt **6 Flächen**.
Alle sind **gleich groß**.

② Flächeninhalt A der einzelnen Flächen berechnen (·)

A = 4 · 4 = 16,
also A = 16 cm²

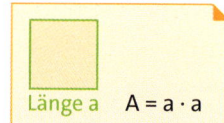

Länge a   A = a · a

③ Flächeninhalte addieren (+)

O = ☐ + ☐ + ☐ + ☐ + ☐ + ☐

O = **16** + **16** + **16** + **16** + **16** + **16** = 6 · 16 = 96 cm²,
Der Oberflächeninhalt beträgt 96 cm².

---

1 Berechne den Oberflächeninhalt O des Würfels.

a)

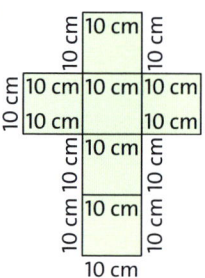

b)

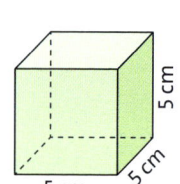

c)

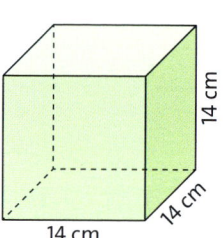

d)

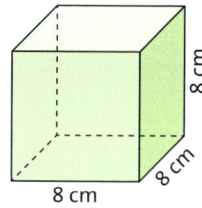

Lösungen

1 a) O = 100 + 100 + 100 + 100 + 100 + 100 = 600, also O = 600 cm²
b) O = 25 + 25 + 25 + 25 + 25 + 25 = 150, also O = 150 cm²
c) O = 196 + 196 + 196 + 196 + 196 + 196 = 1176, also O = 1176 cm²
d) O = 64 + 64 + 64 + 64 + 64 + 64 = 384, also O = 384 cm²

Oberflächeninhalt berechnen: Quader

So berechnest du den Oberflächeninhalt O
von einem Quader:

Berechne den
Oberflächeninhalt
des Quaders:
$a = 3\,\text{cm}$; $b = 4\,\text{cm}$; $c = 5\,\text{cm}$

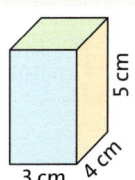

① Würfelnetz skizzieren/vorstellen
Wie lang sind die Seiten der einzelnen
Flächen?

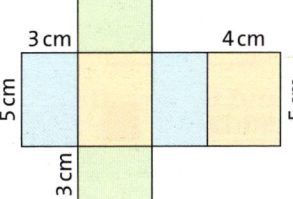

> Es gibt **6 Flächen**.
> Davon sind **je 2 gleich groß**.

② Flächeninhalt A der einzelnen Flächen
berechnen (·)

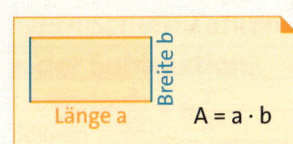

Breite b
Länge a
$A = a \cdot b$

$a \cdot b$

$A = 3 \cdot 4 = 12$,
also $A = 12\,\text{cm}^2$

$a \cdot c$

$A = 3 \cdot 5 = 15$,
also $A = 15\,\text{cm}^2$

$b \cdot c$

$A = 4 \cdot 5 = 20$,
also $A = 20\,\text{cm}^2$

③ Flächeninhalte addieren (+)

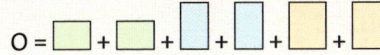

$O = 12 + 12 + 15 + 15 + 20 + 20 = 94$
Der Oberflächeninhalt beträgt $94\,\text{cm}^2$.

---

1 Berechne den Oberflächeninhalt O des Quaders.

a)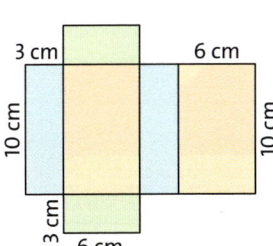

b)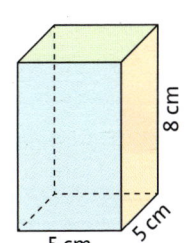

c)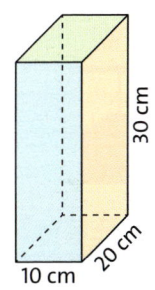

d)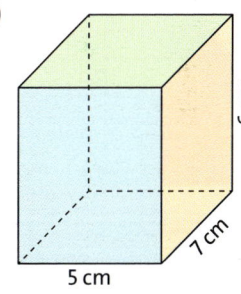

Lösungen

1 a) $O = 30 + 30 + 60 + 60 + 18 + 18 = 216$, also $O = 216\,\text{cm}^2$
b) $O = 25 + 25 + 40 + 40 + 40 + 40 = 210$, also $O = 210\,\text{cm}^2$
c) $O = 200 + 200 + 300 + 300 + 600 + 600 = 2200$, also $O = 2200\,\text{cm}^2$
d) $O = 35 + 35 + 30 + 30 + 42 + 42 = 214$, also $O = 214\,\text{cm}^2$

Volumeneinheiten in die nächste Einheit umrechnen

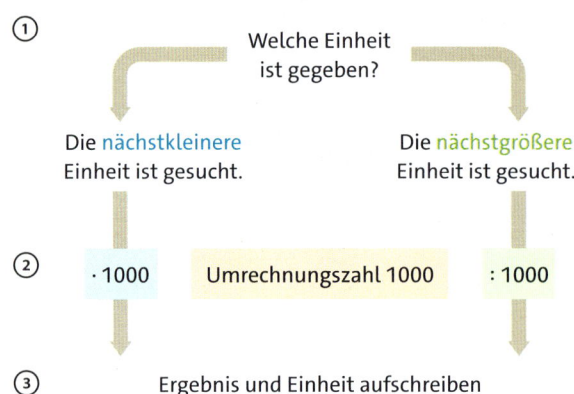

Einheit wird kleiner

| mm³ | cm³ | dm³ | m³ | km³ |

Einheit wird größer

a) 7 dm³ = ▦ cm³
① gegeben: dm³
gesucht: cm³

Das ist die
nächstkleinere Einheit.

② 7 · 1000 = 7000
③ 7 dm³ = 7000 cm³

b) 4000 mm³ = ▦ cm³
① gegeben: mm³
gesucht: cm³

Das ist die
nächstgrößere Einheit.

② 4000 : 1000 = 4
③ 4000 mm³ = 4 cm³

1 Rechne in die nächstkleinere Einheit um.
a) 6 dm³ = ▦ cm³   b) 13 m³ = ▦ dm³   c) 30 cm³ = ▦ mm³   d) 125 dm³ = ▦ cm³

> Wird die Einheit **kleiner**:
> **multiplizieren** (·)

2 Rechne in die nächstgrößere Einheit um.
a) 5000 dm³ = ▦ m³   b) 17 000 mm³ = ▦ cm³   c) 60 000 dm³ = ▦ m³   d) 180 000 cm³ = ▦ dm³

3 Rechne um. Ist die nächstkleinere oder die nächstgrößere Einheit gesucht?
a) 23 cm³ = ▦ mm³   b) 95 000 dm³ = ▦ m³   c) 307 m³ = ▦ dm³   d) 542 000 cm³ = ▦ dm³

> Wird die Einheit **größer**:
> **dividieren** (:)

Lösungen

1 a) 6000 cm³   b) 13 000 dm³   c) 30 000 mm³   d) 125 000 cm³

2 a) 5 m³   b) 17 cm³   c) 60 m³   d) 180 dm³

3 a) nächstkleinere Einheit   b) nächstgrößere Einheit   c) nächstkleinere Einheit   d) nächstgrößere Einheit
   ist gesucht; 23 000 mm³   ist gesucht; 95 m³   ist gesucht; 307 000 dm³   ist gesucht; 542 dm³

Volumen mit einer Stellenwerttafel umrechnen

① Trage den Flächeninhalt in die Stellenwerttafel ein.
Beginne immer ganz rechts:
m³ bei **m³**
dm³ bei **dm³**
cm³ bei **cm³** …

② In welche (Einheit) soll umgerechnet werden?
Bis zu dieser Einheit Nullen ergänzen
oder
bis zu dieser Einheit Nullen streichen.

a) 4 dm³ = ◼ cm³

> Die Einheit wird kleiner, also wird die Zahl größer.

m³			dm³			cm³			mm³		
H	Z	E	H	Z	E	H	Z	E	H	Z	E
								4			
								4	0	0	0

4 dm³ = 4000 cm³

b) 36 000 dm³ = ◼ m³

> Die Einheit wird größer, also wird die Zahl kleiner.

m³			dm³			cm³			mm³		
H	Z	E	H	Z	E	H	Z	E	H	Z	E
	3	6	0	0	0						
	3	6	0̸	0̸	0̸						

36 000 dm³ = 36 m³

---

1 Lies das Volumen in der angegebenen Einheit aus der Stellenwerttafel ab.
Du kannst dazu Nullen ergänzen oder Nullen streichen.

	m³			dm³			cm³			mm³			
	H	Z	E	H	Z	E	H	Z	E	H	Z	E	
a)						5							cm³
b)		7	1										dm³
c)							3	0	9				mm³
d)						8	0	0	0				dm³
e)							6	4	0	0	0		cm³
f)	2	2	0	0	0	0							m³

---

2 Trage das Volumen in die Stellenwerttafel ein. Rechne dann in die angegebene Einheit um.

	m³			dm³			cm³			mm³			
	H	Z	E	H	Z	E	H	Z	E	H	Z	E	
a) 4 m³													dm³
b) 27 dm³													cm³
c) 638 dm³													mm³
d) 9000 mm³													cm³
e) 15 000 cm³													dm³
f) 670 000 dm³													m³

Lösungen

1 a) 5000 cm³   b) 71 000 dm³   c) 309 000 mm³   d) 8 dm³
  e) 64 cm³   f) 220 m³

2 a) 4000 dm³   b) 27 000 cm³   c) 638 000 000 mm³   d) 9 cm³
  e) 15 dm³   f) 670 m³

Verschiedene Volumenmaße ineinander umwandeln

Für dasselbe Volumen gibt es verschiedene Maßeinheiten.
Die Maßeinheiten kann man ineinander umwandeln.

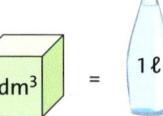

In die Flasche passt
1 Liter (ℓ), das ist gleich
1 **Kubikdezimeter** (dm³).

① Trage das Volumen in die
Stellenwerttafel ein.
Beginne bei **der gegebenen Einheit**
immer ganz rechts (E).
Die Stellenwerttafel hat verschiedene
Maßeinheiten für das Volumen:
Oben stehen m³, dm³, cm³ und mm³.
Unten stehen ℓ und mℓ.

② Lies das Volumen **in der anderen
Einheit** ab. Eventuell musst du
bis zur gesuchten Einheit
Nullen ergänzen oder
Nullen streichen.

Rechne das Volumen in die angegebene Einheit um.
a) 36 dm³ = ▧ ℓ
b) 12 m³ = ▧ ℓ
c) 50 000 mm³ = ▧ mℓ
d) 7000 ℓ = ▧ m³

	m³			dm³			cm³			mm³		
	H	Z	E	H	Z	E	H	Z	E	H	Z	E
a)								3	6			
b)		1	2	0	0	0						
c)								5	0	Ø	Ø	Ø
d)			7	Ø	Ø	Ø						
	HT	ZT	T	H	Z	E	H	Z	E	z	h	t
				ℓ				mℓ				Komma

a) 36 dm³ = 36 ℓ
b) 12 m³ = 12 000 dm³ = 12 000 ℓ
c) 50 000 mm³ = 50 cm³ = 50 mℓ
d) 7000 ℓ = 7000 dm³ = 7 m³

1 dm³ = 1 ℓ
1 cm³ = 1 mℓ

---

1 Welche andere Einheit kannst du hier schreiben?
a) 9 cm³ = 9 ▧
b) 42 dm³ = 42 ▧
c) 110 mℓ = 110 ▧
d) 326 ℓ = 326 ▧

2 Gib das Volumen in der angegebenen Einheit an.
Tipp Arbeite in der Tabelle von oben nach unten.
a) 16 dm³ = ▧ ℓ
b) 53 m³ = ▧ ℓ
c) 820 cm³ = ▧ mℓ
d) 6000 cm³ = ▧ ℓ

Tipp Arbeite in der Tabelle von unten nach oben.
e) 250 mℓ = ▧ cm³
f) 8 mℓ = ▧ mm³
g) 675 000 ℓ = ▧ m³
h) 463 ℓ = ▧ dm³

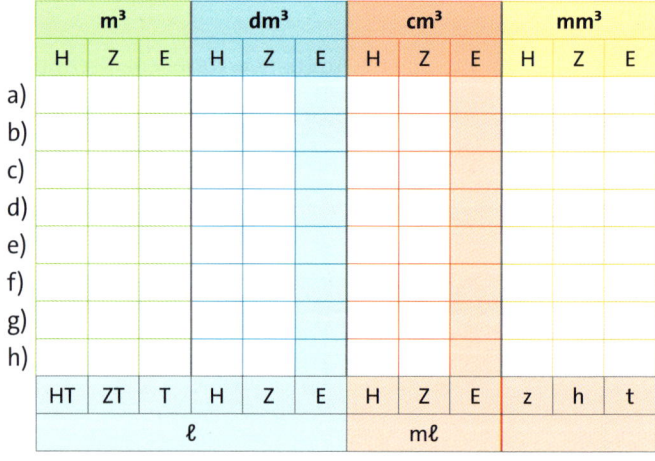

Lösungen

1 a) mℓ
b) ℓ
c) cm³
d) dm³

2 a) 16 dm³ = 16 ℓ
e) 250 mℓ = 250 cm³
b) 53 m³ = 53 000 ℓ
f) 8 mℓ = 8000 mm³
c) 820 cm³ = 820 mℓ
g) 675 000 ℓ = 675 m³
d) 6000 cm³ = 6 ℓ
h) 463 ℓ = 463 dm³

Liter und Milliliter ineinander umrechnen

① Welche Einheit ist gegeben, welche ist gesucht?

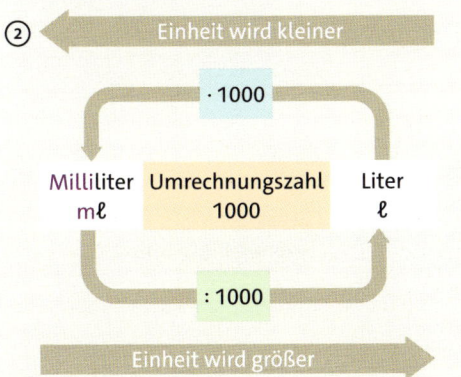

② ← Einheit wird kleiner

· 1000

Milliliter mℓ | Umrechnungszahl 1000 | Liter ℓ

: 1000

→ Einheit wird größer

③ Ergebnis und Einheit aufschreiben

a) 2 ℓ = ■ mℓ
  ① gegeben: ℓ
  gesucht: mℓ

  Das ist die kleinere Einheit.

  ② 2 · 1000 = 2000

  ③ 2 ℓ = 2000 mℓ

b) 50 000 mℓ = ■ ℓ
  ① gegeben: mℓ
  gesucht: ℓ

  Das ist die größere Einheit.

  ② 50 000 : 1000 = 50

  ③ 50 000 mℓ = 50 ℓ

1 Rechne in die kleinere Einheit um.
a) 6 ℓ = ■ mℓ   b) 25 ℓ = ■ mℓ   c) 136 ℓ = ■ mℓ   d) 3345 ℓ = ■ mℓ

2 Rechne in die größere Einheit um.
a) 9000 mℓ = ■ ℓ   b) 13 000 mℓ = ■ ℓ   c) 809 000 mℓ = ■ ℓ   d) 5 675 000 mℓ = ■ ℓ

3 Rechne um. Beachte die Umrechnungszahl 1000.
a) 47 ℓ = ■ mℓ   b) 62 000 mℓ = ■ ℓ   c) 80 ℓ = ■ mℓ   d) 510 000 mℓ = ■ ℓ

Wird die Finheit **kleiner**: **multiplizieren** (·)

Wird die Einheit **größer**: **dividieren** (:)

Lösungen

1 a) 6000 mℓ   b) 25 000 mℓ   c) 136 000 mℓ   d) 3 345 000 mℓ

2 a) 9 ℓ   b) 13 ℓ   c) 809 ℓ   d) 5675 ℓ

3 a) 47 000 mℓ   b) 62 ℓ   c) 80 000 mℓ   d) 510 ℓ

Schrägbilder von Quadern zeichnen – Kavalierperspektive (2 Seiten)

So zeichnest du einen Quader im Schrägbild:

Zeichne das Schrägbild des Quaders:
$a = 3\,cm$; $b = 4\,cm$; $c = 1,5\,cm$

① Welche Maße kennst du? Trage sie in eine **Skizze** ein.

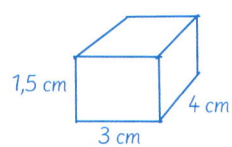

② Zeichne die **Vorderseite**.

Lass oben genug Platz frei.

③ Zeichne die schräg nach hinten verlaufenden Kanten:
  – im **45°-Winkel**: Das Kästchenpapier oder das Geodreieck helfen dir dabei.
  – mit **halber Länge**: $b : 2$

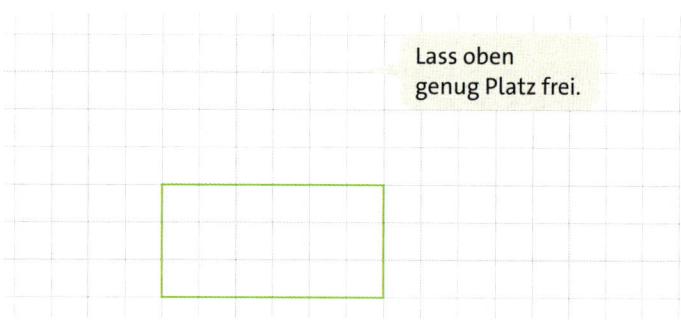

halbe Länge: $4\,cm : 2 = 2\,cm$

④ Verbinde die **Ecken**.

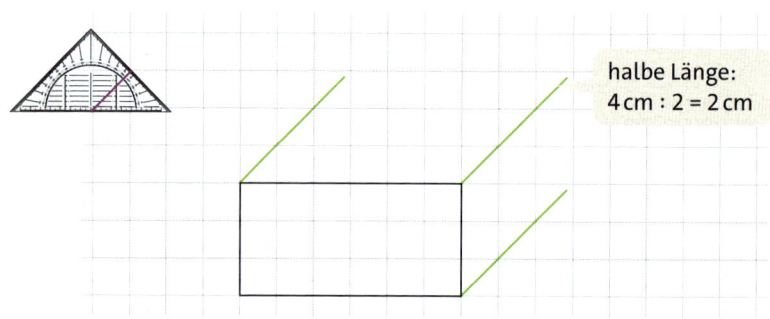

Hier entsteht eine Ecke.

⑤ Zeichne **nicht sichtbare Kanten** mit einer gestrichelten Linie.

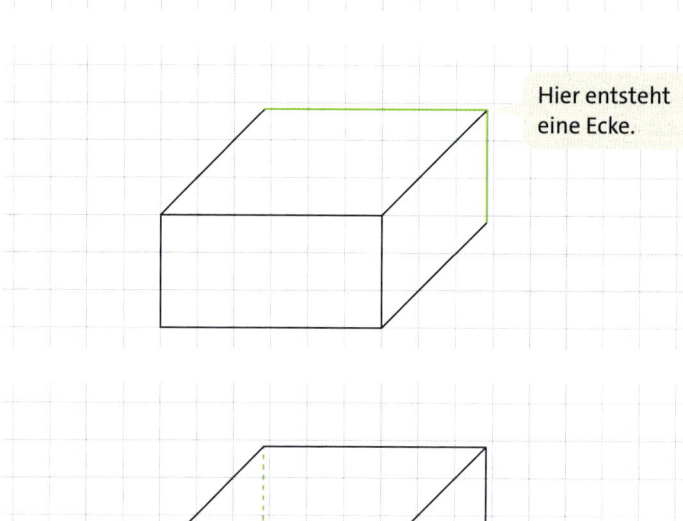

1 Ergänze das Schrägbild.

a)

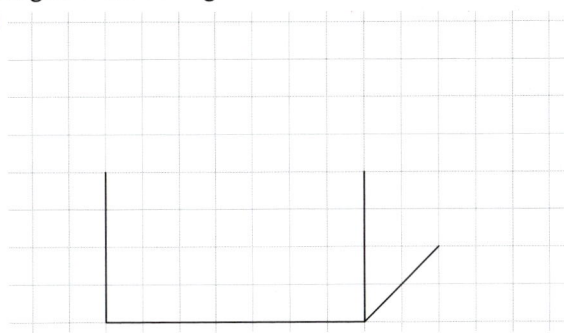

b)

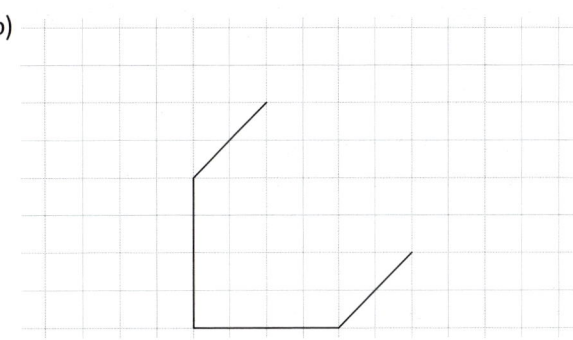

2 Zeichne den Quader im Schrägbild.

a)

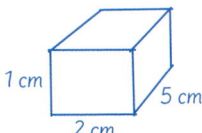

1 cm
5 cm
2 cm

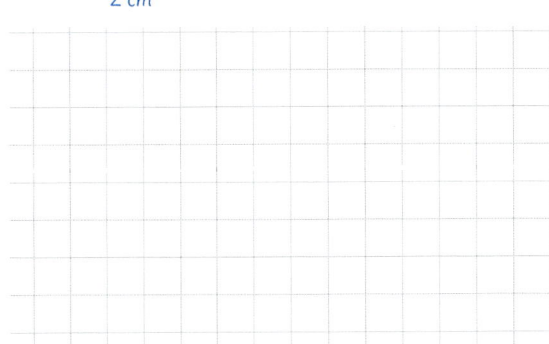

b) a = 4,5 cm; b = 2 cm; c = 2,5 cm

Lösungen

1 a)

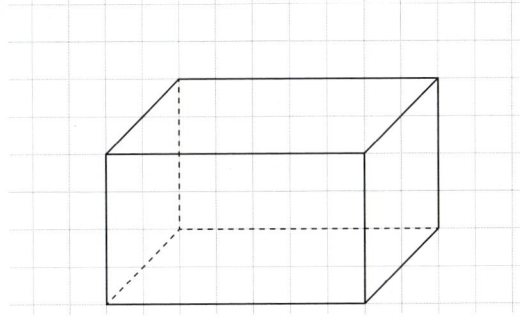

b)

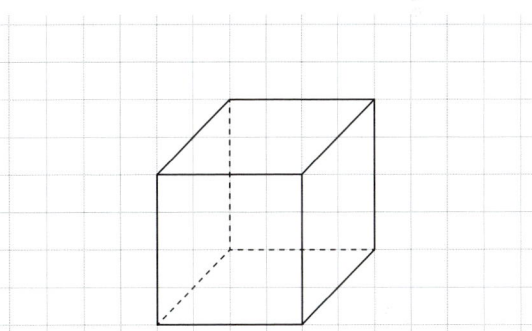

2 a)

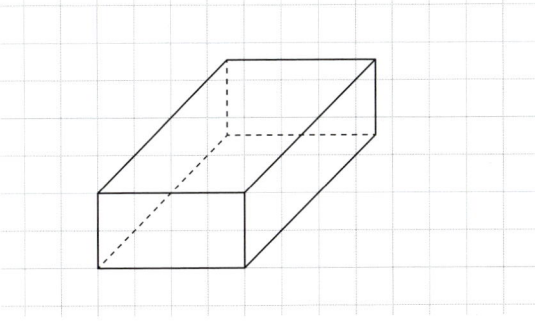

b)

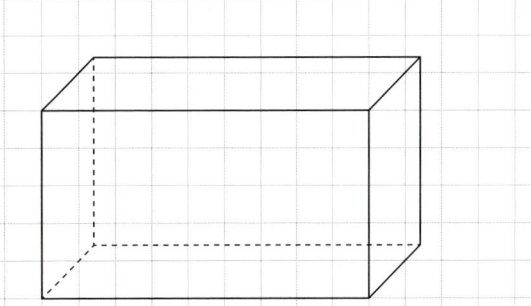

Quadernetze zeichnen

So zeichnest du ein Quadernetz:

Zeichne ein Quadernetz:
a = 3 cm; b = 2 cm; c = 1,5 cm

① Welche Maße kennst du?
Trage sie in eine **Skizze** ein.

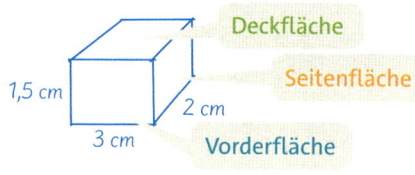

② Zeichne die Vorderfläche.

Lass oben
genug Platz frei.

③ Zeichne die **3 Seitenflächen**
daneben.

④ Zeichne die **Grundfläche**
nach unten und die **Deckfläche**
nach oben.

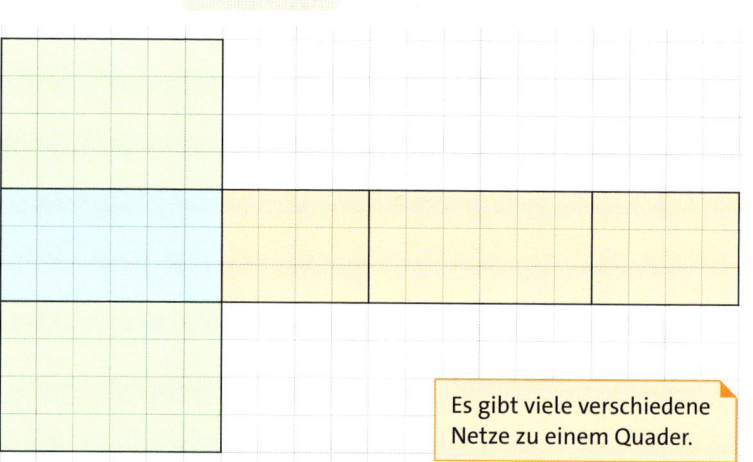

Es gibt viele verschiedene
Netze zu einem Quader.

1 Ergänze das Quadernetz:
a = 2,5 cm; b = 2 cm; c = 1 cm

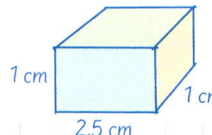

2 Zeichne ein Quadernetz:
a = 1,5 cm; b = 1,5 cm; c = 1,5 cm

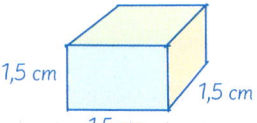

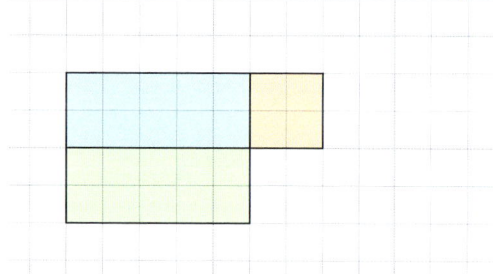

Lösungen

1 zum Beispiel

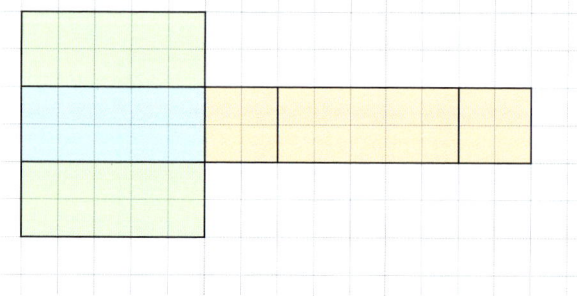

2 zum Beispiel

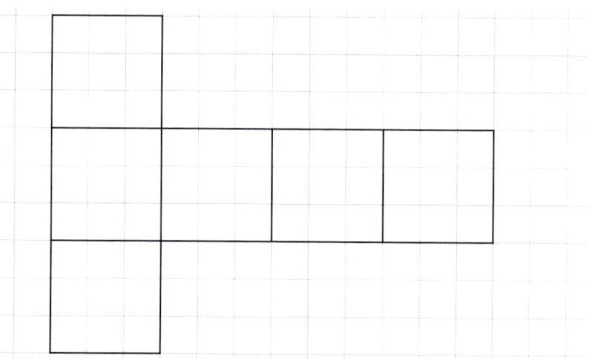

Volumen von Quadern mit Einheitswürfeln bestimmen

So kannst du das **Volumen V** von Quadern mithilfe von Einheitswürfeln bestimmen:

Bestimme das Volumen des Quaders.

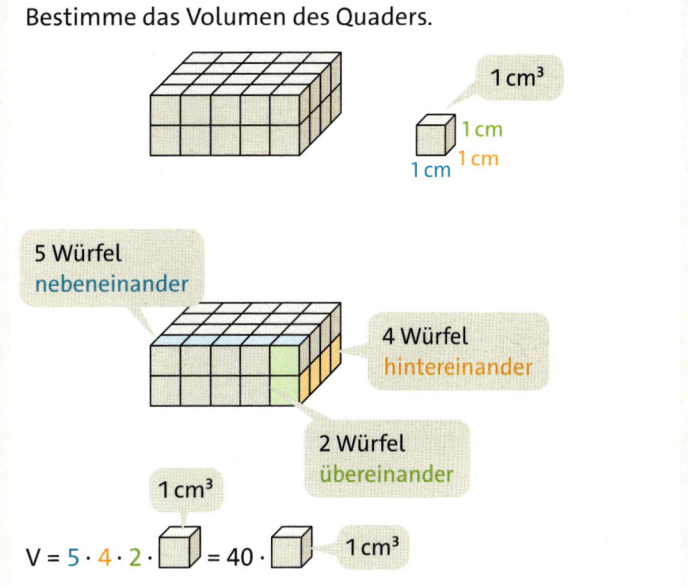

① Wie viele Einheitswürfel passen in den Quader?
Länge: Wie viele Würfel passen nebeneinander (→)?
Breite: Wie viele Würfel passen hintereinander (↗)?
Höhe: Wie viele Würfel passen übereinander (↑)?

② Multipliziere:
V = Länge · Breite · Höhe

③ Ergänze die Einheit vom Einheitswürfel.

V = 5 · 4 · 2 · 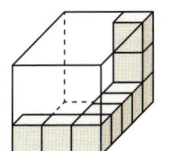 = 40 ·

V = 40 cm³

---

1 Bestimme das Volumen des Quaders. Achte auf den Einheitswürfel.

a)   b)   c)

Lösungen   1 cm³

1 a) V = 4 · 4 · 3 · 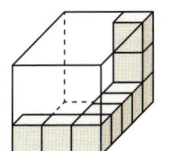 = 48 cm³
    b) V = 3 · 5 · 3 · 1 dm³ = 44 dm³
    c) V = 5 · 2 · 4 · 1 m³ = 40 m³

Volumen berechnen: Würfel und Quader

① Schreibe die Formel auf.

② Setze die Zahlen ein und multipliziere ($\cdot$).

③ Ergänze die Einheit:
   V = Zahl und Einheit

a) Würfel mit
   a = 3 m

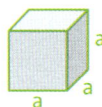

① V = a $\cdot$ a $\cdot$ a
② V = 3 $\cdot$ 3 $\cdot$ 3
   V = 27
③ V = 27 m³   → Kubik-meter

b) Quader mit a = 6 cm;
   b = 4 cm; c = 2 cm

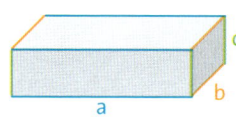

① V = a $\cdot$ b $\cdot$ c
② V = 6 $\cdot$ 4 $\cdot$ 2
   V = 48
③ V = 48 cm³   → Kubik-zentimeter

---

1 Wie groß ist das Volumen des Würfels? Berechne mit der Formel.

a) a = 2 cm   b) a = 5 cm   c) a = 6 cm   d) a = 10 cm

2 Wie groß ist das Volumen des Quaders? Berechne mit der Formel.

a) a = 2 cm;   b) a = 6 cm;   c) a = 4 cm;   d) a = 15 cm;
   b = 5 cm;   b = 7 cm;   b = 5 cm;   b = 10 cm;
   c = 3 cm   c = 2 cm   c = 8 cm   c = 20 cm

3 Berechne das Volumen.

Tipp Haben die Kantenlängen verschiedene Einheiten? Dann rechne zuerst in die kleinere Einheit um.

a)   b)   c)   d)

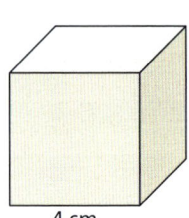
4 cm

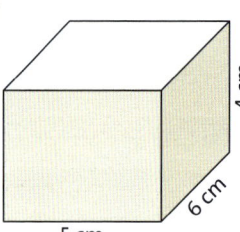
4 cm
6 cm
5 cm

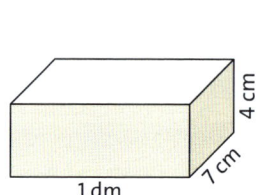
4 cm
7 cm
1 dm

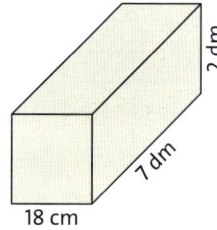
2 dm
7 dm
18 cm

Lösungen

1 V = a $\cdot$ a $\cdot$ a
a) V = 8 cm³   b) V = 125 cm³   c) V = 216 cm³   d) V = 1000 cm³

2 V = a $\cdot$ b $\cdot$ c
a) V = 30 cm³   b) V = 84 cm³   c) V = 160 cm³   d) V = 3000 cm³

3 a) V = 64 cm³   b) V = 120 cm³   c) V = 280 cm³   d) V = 25 200 cm³

Teste dich!

1 Auf welche Zahlen zeigen die Pfeile?

a)

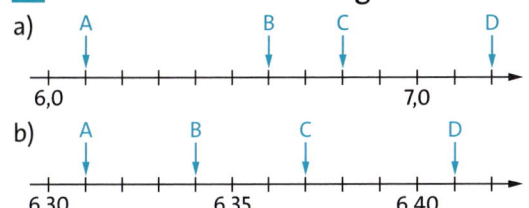

b)

2 Schreibe als Bruch, als Dezimalzahl und in Prozent.

a) als Bruch: 0,25; 0,65; 50 %; 30 %

b) als Dezimalzahl: $\frac{3}{10}$; $\frac{9}{20}$; 8 %; 70 %

c) in Prozent: $\frac{75}{100}$; $\frac{3}{5}$; 0,65; 0,82

1 Auf welche Zahlen zeigen die Pfeile?

a)

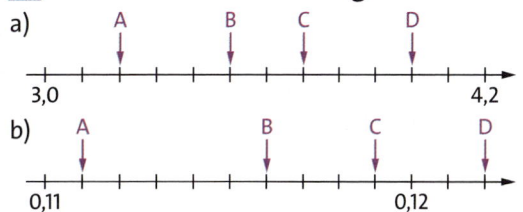

b)

2 Schreibe als Bruch, als Dezimalzahl und in Prozent.

a) $\frac{12}{15}$ b) 0,45

c) $\frac{3}{8}$ d) 16 %

e) 0,01   f) 3 %

3 Was gehört zusammen? Ordne zu und begründe.

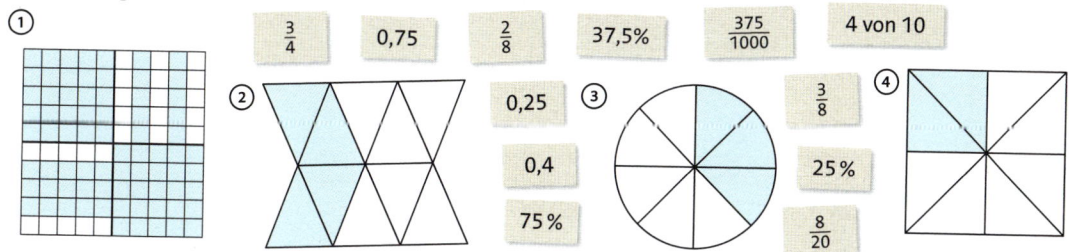

4 Vergleiche: kleiner oder größer?

a) 0,74 ▨ 0,76   b) 0,807 ▨ 0,088

c) 1,9 ▨ 1,901   d) 5,9 ▨ 5,899

5 Gib zwei Dezimalzahlen an, die zwischen 2,3 und 2,4 liegen.

6 In der ersten Klassenarbeit hat Klara 21 von 25 Punkten bekommen. In der zweiten Klassenarbeit waren es 17 von 20 Punkten.
In welcher Klassenarbeit hat sie besser abgeschnitten? Begründe.
Gib die Anteile in Prozent an und vergleiche.

4 Ordne die Zahlen von klein nach groß.

a) 0,27; 0,268; 0,3; 0,271; 0,209

b) $\frac{1}{2}$; $\frac{1}{8}$; 0,35; 0,7; $\frac{3}{4}$; $\frac{1}{4}$

5 Gib die Dezimalzahl an, die genau in der Mitte von 6,31 und 6,46 liegt.

6 Die Polizei kontrolliert 75 Fahrräder. Bei 12 Rädern funktioniert das Licht nicht. Am nächsten Tag werden 35 Fahrräder kontrolliert. Bei jedem fünften Rad funktioniert das Licht nicht.
Bei welcher Kontrolle waren anteilig mehr Lichter kaputt?

Checkliste

Nr.	mathematische Fähigkeit (Kompetenz)	☺	☺	☹	Hast du etwas falsch gemacht? Wo lag dein Fehler?	Hier kannst du dich verbessern.
1	Ich kann Dezimalzahlen von einem Zahlenstrahl ablesen.					S. 45
2	Ich kann Dezimalzahlen, Brüche und Prozentangaben umrechnen.					S. 50–53
3	Ich kann aus Figuren Dezimalzahlen, Brüche und Prozentangaben angeben.					S. 50–53
4	Ich kann Dezimalzahlen mithilfe der Zeichen > und < vergleichen.					S. 47
5	Ich kann Dezimalzahlen finden.					S. 46–48
6	Ich kann Sachaufgaben mit Prozentangaben lösen.					S. 50–53

Dezimalzahlen am Zahlenstrahl ablesen

So liest du Dezimalzahlen am Zahlenstrahl ab:

① Bestimme die Ganzen:
Zwischen welchen ganzen Zahlen liegt die Zahl?
Schreibe die kleinere Zahl auf und setze ein Komma dahinter.

② Bestimme die Nachkommastellen:
  – In welchen Schritten zählt der Zahlenstrahl?
  – Zähle die Schritte von der ganzen Zahl bis zur gesuchten Zahl.

③ Schreibe zusammen:
Ganze Komma Nachkommastellen

Lies die Zahl am roten Pfeil ab.

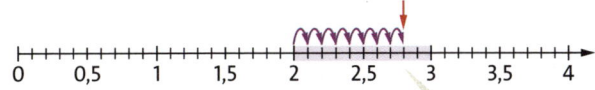

① Die Zahl liegt zwischen 2 und 3.
2 steht links von der Zahl.

> 2 Komma …

② Von 2 bis 3 sind es 10 feine Schritte.
Jeder feine Schritt bedeutet ein Zehntel:
$\frac{1}{10} = 0,1.$

> 0,1er-Schritte

Von 2 bis zur gesuchten Zahl sind es 8 Schritte.

> 0,1; 0,2; 0,3; …; 0,8

Die gesuchte Zahl ist 2,8.

1 Lies die markierten Zahlen ab.

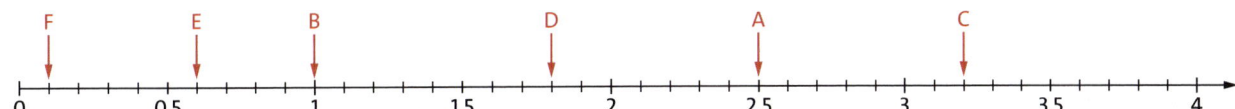

2 Lies die markierten Zahlen ab.
Tipp Achte auf die Einteilung vom Zahlenstrahl.

a)

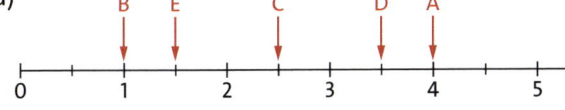

b)

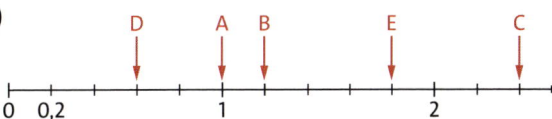

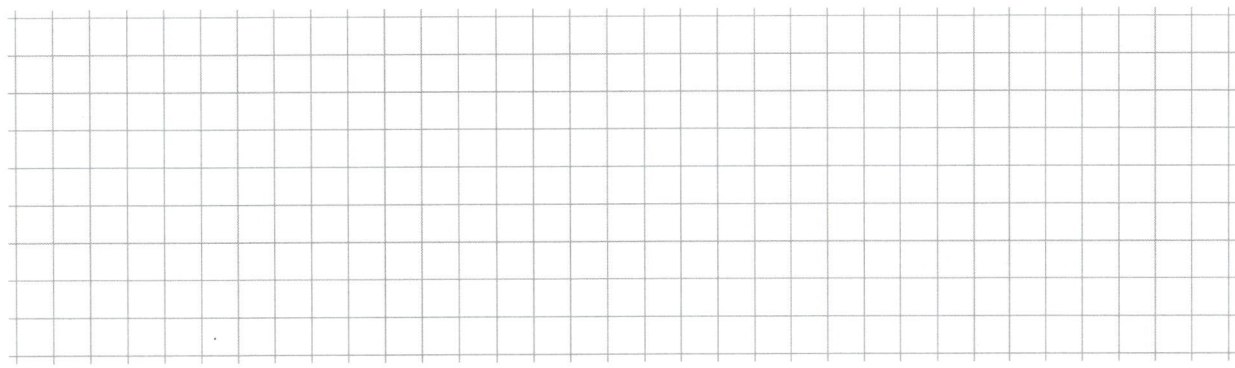

Lösungen

1 A 2,5   B 1,0   C 3,2   D 1,8   E 0,6   F 0,1

2 a) Jeder feine Schritt bedeutet: 0,5.
  A 4,0   B 1,0   C 2,5   D 3,5   E 1,5
b) Jeder feine Schritt bedeutet: 0,2.
  A 1,0   B 1,2   C 2,4   D 0,6   E 1,8

Dezimalzahlen am Zahlenstrahl eintragen

So trägst du Dezimalzahlen am Zahlenstrahl ein:

① Bestimme die Einteilung am Zahlenstrahl:
   – Zähle die Schritte zwischen zwei Ganzen.
   – Dividiere (:) 1 durch diese Anzahl.

② Zwischen welchen ganzen Zahlen liegt die Zahl? Starte bei der kleineren Zahl.

③ Zähle in den feinen Schritten bis zur gesuchten Zahl.
   Zeichne einen Pfeil an diese Stelle und beschrifte ihn mit der Zahl.

Trage die Zahl 3,6 am Zahlenstrahl ein.

Von 0 bis 1 sind es 10 feine Schritte.

① Jeder feine Schritt bedeutet ein Zehntel: $\frac{1}{10} = 0,1$.

② Die Zahl liegt zwischen 3 und 4. 3 steht links von der Zahl, dort starte ich.

③

3,1; 3,2; …3,6

Start bei 3,0

---

1 Trage die Zahlen am Zahlenstrahl ein:

3,0;   1,5;   2,2;   3,9;   0,8;   0,3

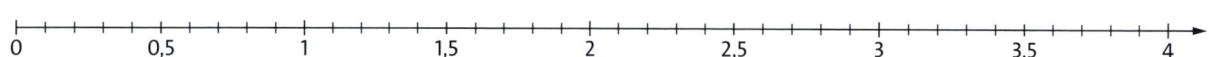

2 Trage die Zahlen ein.

Tipp Achte auf die Einteilung vom Zahlenstrahl.

a) 0,4; 0,8; 1,4; 1,6; 2,0; 2,2

b) 0,25; 0,75; 1,5; 1,75; 2,0; 2,25

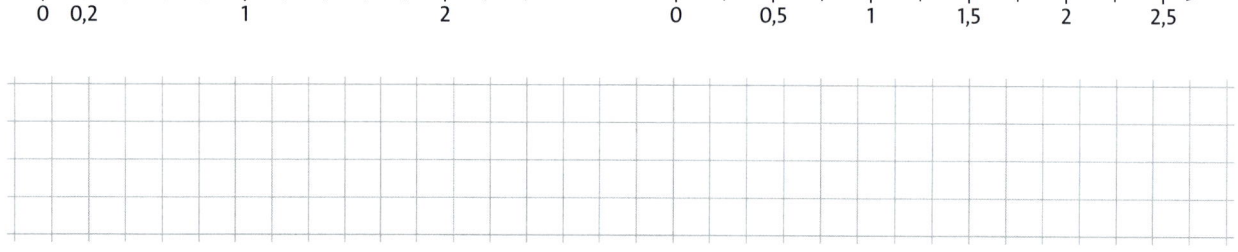

Lösungen

1

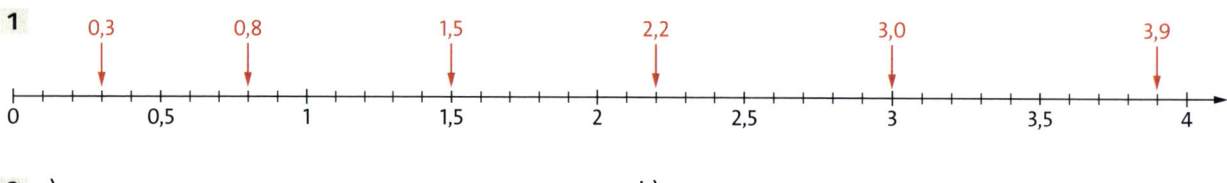

2 a)   b)

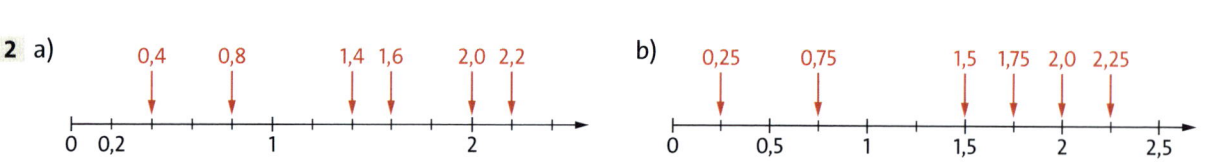

Dezimalzahlen stellenweise vergleichen

Arbeite von links nach rechts (→), bis an einer Stelle verschiedene Ziffern stehen.
Vergleiche die ...
① ... Zahl vor dem Komma.
② ... Zehntel.
③ ... Hundertstel.
④ ... nächsten Nachkommastellen.

Das Krokodil frisst immer die größere Zahl.

Vergleiche die Zahlen.
Kleiner als <, größer als > oder gleich =?

a) 7,491 ▦ 7,458
   7,491 ▦ 7,458   7 = 7
   7,491 ▦ 7,458   4 = 4
   7,491 ▦ 7,458   9 > 5
   also 7,491 > 7,458

b) 12,5 ▦ 12,53
   12,5 ▦ 12, 35   12 = 12
   12,5 ▦ 12,53   5 = 5
   12,50 ▦ 12,53   0 < 3
   also 12,5 < 12,53

Null ergänzen

1 Vergleiche die Dezimalzahlen.
Kleiner als < oder größer als >?
a) 15,47 ▦ 15,77   b) 41,88 ▦ 41,86   c) 69,151 ▦ 65,191   d) 10,11 ▦ 10,10

2 Setze ein: <, = oder >.
Tipp Achte auf die Nullen.
a) 38,06 ▦ 38,60   b) 72,149 ▦ 72,1495   c) 19,030 ▦ 19,008   d) 90,09 ▦ 90,090

Lösungen

1 a) 15,47 < 15,77   b) 41,88 > 41,86   c) 69,151 > 65,191   d) 10,11 > 10,10

2 a) 38,06 < 38,60   b) 72,1490 < 72,1495   c) 19,030 > 19,008   d) 90,090 = 90,090

Dezimalzahlen in der Stellenwerttafel

Für Dezimalzahlen wird die Stellenwerttafel hinter den Einern (E) erweitert:
– Zehntel (z)
– Hundertstel (h)
– Tausendstel (t)

a) Lies die Dezimalzahl ab.

	Ganze			Nachkommastellen		
H	**Z**	**E**	**z**	**h**	**t**
		8 ,	4	0	1
		0 ,	0	2	9

acht Komma vier null eins

$8,401 = 8 + \frac{4}{10} + \frac{0}{100} + \frac{1}{1000}$

$0,029 = 0 + \frac{0}{10} + \frac{2}{100} + \frac{9}{1000}$

Das Komma trennt die Ganzen und die Nachkommastellen.

Überlege beim Eintragen, welche Zahl an die Einerstelle gehört. Ergänze dann die restlichen Stellen.

b) Trage die Dezimalzahl in die Stellenwerttafel ein.

$45,697 = 45 + \frac{6}{10} + \frac{9}{100} + \frac{7}{1000}$

$0,105 = 0 + \frac{1}{10} + \frac{0}{100} + \frac{5}{1000}$

	Ganze			Nachkommastellen		
H	**Z**	**E**	**z**	**h**	**t**
	4	5 ,	6	9	7
		0 ,	1	0	5

1 Lies die Dezimalzahl ab.

Tipp Fülle leere Stellenwerte mit einer Null auf.

	T	**H**	**Z**	**E**	**z**	**h**	**t**
a)		3	6	1 ,	5	7	1
b)			9	4 ,	8	0	3
c)	2	0	6	6 ,	0	2	6
d)				5 ,	1	4	
e)					9	0	7
f)						3	1

2 Trage die Dezimalzahl in die Stellenwerttafel ein.

	T	**H**	**Z**	**E**	**z**	**h**	**t**
a) 724,168				,			
b) 53,929							
c) 4918,02							
d) 0,572							
e) 0,201							
f) 0,004							

Lösungen

1 a) 361,571   b) 94,803   c) 2066,026   d) 5,14   e) 0,907   f) 0,031

2

	T	**H**	**Z**	**E**	**z**	**h**	**t**
a) 724,168		7	2	4 ,	1	6	8
b) 53,929			5	3 ,	9	2	9
c) 4918,02	4	9	1	8 ,	0	2	
d) 0,572				0 ,	5	7	2
e) 0,201				0 ,	2	0	1
f) 0,004				0 ,	0	0	4

Dezimalzahlen runden

① Kreise die Rundungsstelle ein.

Einer (E)	Zehn-tel (z)	Hunderts-tel (h)	Tausends-tel (t)
6 ,	3	2	5

Die Ziffer rechts (→) davon entscheidet.

② Bei 0; 1; 2; 3 oder 4 abrunden.
Bei 5; 6; 7; 8 oder 9 aufrunden.

a) Runde 6,325 auf Zehntel.

① 6,325

Die 2 entscheidet!

② Bei 2 abrunden:
6,325 Zehntel bleiben gleich
≈ 6,300 ← Rest Nullen
6,325 ≈ 6,3

6,325 ist ungefähr gleich 6,3.

Nullen am Ende dürfen wegfallen.

b) Runde 0,325 auf Hundertstel.

① 0,325

Die 5 entscheidet!

② Bei 5 aufrunden:
0,325 Hundertstel + 1
≈ 0,330 ← Rest Nullen
0,325 ≈ 0,33

0,325 ist gerundet 0,33.

---

1 Runde auf Zehntel.
Tipp Die Zehntel stehen an der 1. Stelle nach dem Komma.
a) 6,25　　　　　b) 10,166　　　　　c) 2,519　　　　　d) 3,1415

2 Runde auf Hundertstel.
Tipp Die Hundertstel stehen an der 2. Stelle nach dem Komma
a) 825,508　　　　　b) 13,000　　　　　c) 1010,654　　　　　d) 0,007

3 Runde 5,3275 auf die angegebene Stelle.
Tipp Die Ganzen stehen vor dem Komma.
a) auf Ganze　　　　　b) auf Zehntel　　　　　c) auf Hundertstel　　　　　d) auf Tausendstel

Lösungen

1 a) 6,25 ≈ 6,3　　　　b) 10,166 ≈ 10,2　　　　c) 2,519 ≈ 2,5　　　　d) 3,1415 ≈ 3,1

2 a) 825,508 ≈ 825,51　　　b) 13,000 ≈ 13,00　　　c) 1010,654 ≈ 1010,65　　　d) 0,007 ≈ 0,01

3 a) 5,3275 ≈ 5　　　　b) 5,3275 ≈ 5,3　　　　c) 5,3275 ≈ 5,33　　　　d) 5,3275 ≈ 5,328

Brüche in Dezimalzahlen und Prozente umwandeln

Brüche in Dezimalzahlen umwandeln

- **Bruch mit Stufenzahl im Nenner umwandeln**
  ① Erweitere oder kürze
     den Nenner auf 10; 100; 1000; ...
  ② Schreibe um.
     Anzahl der Nullen im Nenner =
     Anzahl der Stellen hinter dem
     Komma

> Erweitere ...
> − 2; 5 auf 10
> − 4; 20; 25; 50 auf 100
> − 8; 125; 250; 500 auf 1000

a) ① $\frac{1}{25} \stackrel{\cdot 4}{=} \frac{4}{100}$

② $\frac{4}{100} = 0,04$

b) ① $\frac{8}{500} \stackrel{\cdot 2}{=} \frac{16}{1000}$

② $\frac{16}{1000} = 0,016$

c) ① $\frac{12}{30} \stackrel{:3}{=} \frac{4}{10}$

② $\frac{4}{10} = 0,4$

> 2 Nullen im Nenner, also
> 2 Stellen hinter dem Komma

- **Bruch schriftlich dividieren**
  Du kannst jeden Bruch als
  Divisionsaufgabe schreiben.
  Der Bruchstrich bedeutet
  „geteilt durch".

> Schreibe hinter die Zahl aus dem
> Zähler ein Komma und Nullen.

Schreibe $\frac{28}{80}$ als Divisionsaufgabe und berechne.

```
  2 8 , 0 0 0  :  8 0  =  0 , 3 5
−     0
      2 8   0
−     2 4   0
          4 0   0
−         4 0   0
                  0
```

> Komma überschritten, also
> Komma im Ergebnis setzen

Bruch in Prozent umwandeln
Brüche mit dem Nenner 100, kannst du
ganz einfach in Prozent schreiben:
$\frac{1}{100} = 1\%$

a) $\frac{17}{100} = 17\%$

b) $\frac{3}{20} \stackrel{\cdot 5}{=} \frac{15}{100} = 15\%$

c) $\frac{126}{600} \stackrel{:6}{=} \frac{21}{100} = 21\%$

> % bedeutet „von 100",
> also Hundertstel.

> Erweitere oder kürze den
> Nenner auf 100 falls nötig.

1 Wandle den Bruch in eine Dezimalzahl um.

a) $\frac{3}{10}$　　　　b) $\frac{99}{100}$　　　　c) $\frac{7}{100}$　　　　d) $\frac{8}{1000}$

e) $\frac{47}{1000}$　　　　f) $\frac{1}{4}$　　　　g) $\frac{13}{20}$　　　　h) $\frac{50}{125}$

2 Wandle den Bruch in eine Divisionsaufgabe um und berechne.

a) $\frac{130}{50}$　　　　b) $\frac{748}{680}$　　　　c) $\frac{5368}{440}$　　　　d) $\frac{7120}{200}$

3 Wandle den Bruch in Prozent um.

a) $\frac{27}{100}$　　　　b) $\frac{14}{100}$　　　　c) $\frac{48}{400}$　　　　d) $\frac{8}{25}$

Lösungen

1 a) 0,3　　b) 0,99　　c) 0,07　　d) 0,008　　e) 0,047　　f) 0,25　　g) 0,65　　h) 0,4

2 a) 130 : 50 = 2,6　　b) 748 : 680 = 1,1　　c) 5368 : 440 = 12,2　　d) 7120 : 200 = 35,6

3 a) 27 %　　b) 14 %　　c) 12 %　　d) 32 %

Dezimalzahlen

Dezimalzahlen und Prozente ineinander umwandeln

Dezimalzahlen in Prozente umwandeln

① Multipliziere (·) mit 100.

② Schreibe % hinter das Ergebnis.

> Verschiebe das Komma um 2 Stellen nach rechts ➡.

a) $0{,}36 \cdot 100 = 36$
   also 36 %

b) $0{,}01 \cdot 100 = 1$
   also 1 %

c) $0{,}215 \cdot 100 = 21{,}5$
   also 21,5 %

Prozente in Dezimalzahlen umwandeln

① Schreibe ohne %.

② Dividiere (:) durch 100.

> Verschiebe das Komma um 2 Stellen nach links ⬅.

a) 38 %, also 38
   $38 : 100 = 0{,}38$

b) 7 %, also 7
   $7 : 100 = 0{,}07$

c) 22,2 %, also 22,2
   $22{,}2 : 100 = 0{,}222$

> Achte auf die Nullen!

1 Rechne um in Prozent.

a) 0,78
b) 0,65
c) 0,047
d) 0,125
e) $\frac{3}{10}$
f) $\frac{1}{4}$
g) $\frac{13}{20}$
h) $\frac{51}{125}$

2 Rechne um in eine Dezimalzahl.

a) 70 %
b) 95 %
c) 2 %
d) 74,1 %

Lösungen

1 a) 78 %   b) 65 %   c) 4,7 %   d) 12,5 %   e) 30 %   f) 25 %   g) 65 %   h) 40,8 %

2 a) 0,7   b) 0,95   c) 0,02   d) 0,741

Brüche und Prozente in einander umwandeln

Bruch in Prozent umwandeln

Brüche mit dem Nenner 100, kannst du ganz einfach in Prozent schreiben:

$\frac{1}{100} = 1\,\%$

a) $\frac{17}{100} = 17\,\%$

b) $\frac{3}{20} \overset{\cdot 5}{\underset{\cdot 5}{=}} \frac{15}{100} = 15\,\%$

c) $\frac{126}{600} \overset{:6}{\underset{:6}{=}} \frac{21}{100} = 21\,\%$

> % bedeutet „von 100", also Hundertstel.

> Erweitere oder kürze den Nenner auf 100 falls nötig.

Prozent in Bruch umwandeln

Prozente lassen sich ganz einfach als Bruch mit dem Nenner 100 schreiben:

$1\,\% = \frac{1}{100}$

a) $23\,\% = \frac{23}{100}$

b) $4\,\% = \frac{4}{100} = \frac{1}{25}$

> Kürze so weit wie möglich.

1 Wandle um in Prozent.

a) $\frac{27}{100}$
b) $\frac{14}{100}$
c) $\frac{48}{400}$
d) $\frac{8}{25}$

2 Wandle um in einen Bruch.

a) 15 %
b) 36 %
c) 78 %
d) 100 %

3 Wandle um in einen Bruch. Kürze so weit wie möglich.

a) 18 %
b) 35 %
c) 50 %
d) 75 %

Lösungen

1 a) $\frac{27}{100} = 27\,\%$
b) $\frac{14}{100} = 14\,\%$
c) $\frac{48}{400} \overset{:4}{\underset{:4}{=}} \frac{12}{100} = 12\,\%$
d) $\frac{8}{25} \overset{\cdot 4}{\underset{\cdot 4}{=}} \frac{32}{100} = 32\,\%$

2 a) $15\,\% = \frac{15}{100}$
b) $36\,\% = \frac{36}{100}$
c) $78\,\% = \frac{78}{100}$
d) $100\,\% = \frac{100}{100}$

3 a) $18\,\% = \frac{18}{100} \overset{:2}{\underset{:2}{=}} \frac{9}{50}$
b) $35\,\% = \frac{35}{100} \overset{:5}{\underset{:5}{=}} \frac{7}{20}$
c) $50\,\% = \frac{50}{100} \overset{:50}{\underset{:50}{=}} \frac{1}{2}$
d) $75\,\% = \frac{75}{100} \overset{:25}{\underset{:25}{=}} \frac{3}{4}$

Brüche, Dezimalzahlen und Prozente ineinander umwandeln

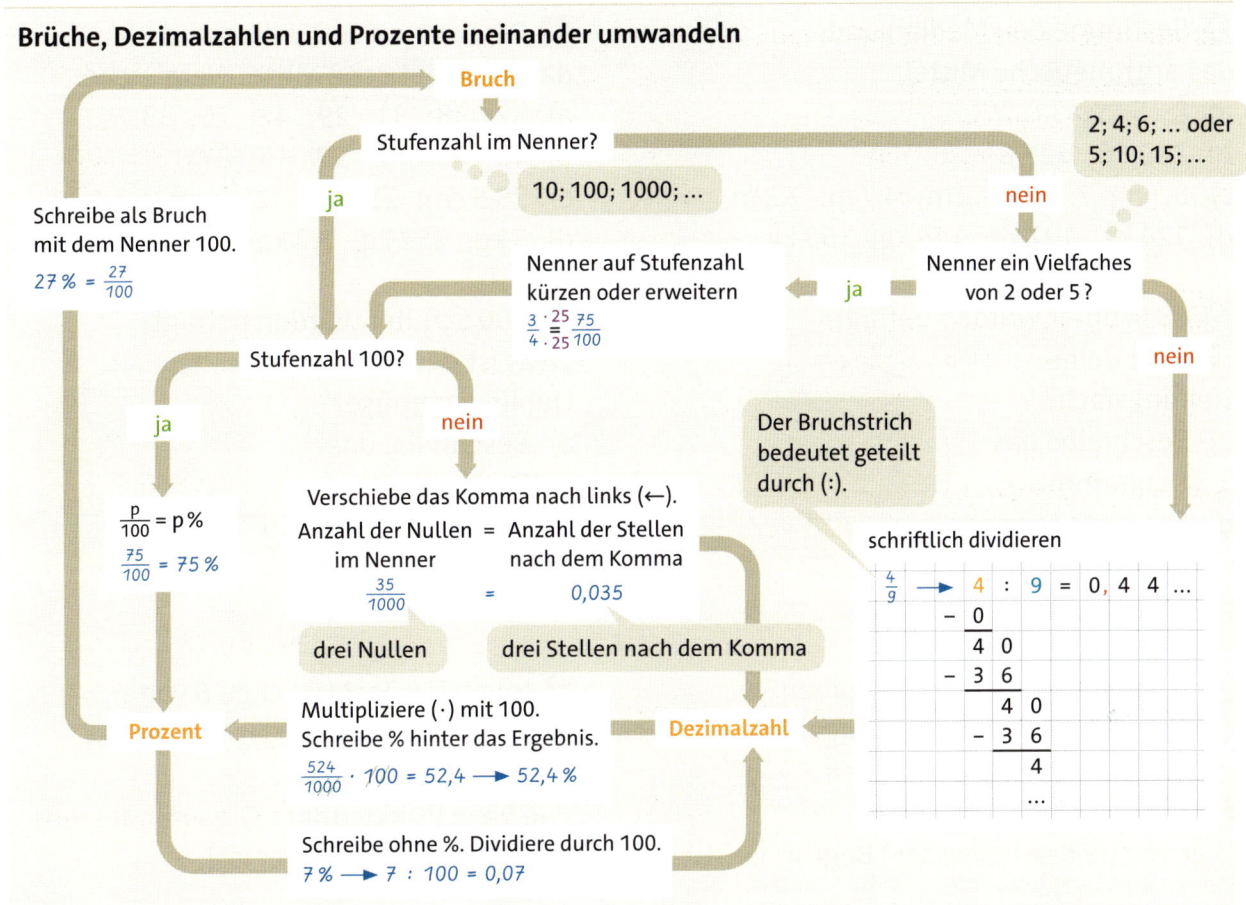

1 Rechne um in eine Dezimalzahl.

Tipp Prüfe, ob im Nenner eine Stufenzahl steht.

Tipp zu a) Verschiebe für jede Null im Nenner das Komma um eine Stelle nach links (←).

a) $\frac{86}{100}$ b) $\frac{795}{1000}$ c) $\frac{99}{1000}$ d) $\frac{1}{3}$

2 Rechne um in Prozent.

Tipp Starte bei Bruch oder bei Dezimalzahl und folge den Pfeilen.

a) $0{,}25$ b) $\frac{1}{5}$ c) $0{,}03$ d) $\frac{6}{12}$

Lösungen

1 a) $\frac{86}{100} = 0{,}86$ b) $\frac{795}{1000} = 0{,}795$ c) $\frac{99}{1000} = 0{,}099$ d) $\frac{1}{3} \rightarrow 1 : 3 = 0{,}333\ldots = 0{,}\overline{3}$

2 a) $0{,}25 \cdot 100 = 25 \rightarrow 25\,\%$ b) $\frac{1 \cdot 20}{5 \cdot 20} = \frac{20}{100} = 20\,\%$ c) $0{,}03 \cdot 100 = 3 \rightarrow 3\,\%$ d) $\frac{6 : 6}{12 : 6} = \frac{1 \cdot 50}{2 \cdot 50} = \frac{50}{100} = 50\,\%$

Teste dich!

1 Bestimme den Median und das arithmetische Mittel.
a) 8; 5; 9; 11; 7
b) 24; 16; 32; 8
c) 6,1 m; 7,7 m; 9,2 m; 4,7 m; 7,3 m
d) 124 kg; 107 kg; 144 kg; 153 kg

2 48 Schüler wurden befragt: „Was ist dein Lieblingsfach?"
a) Beschreibe das Diagramm.
b) Berechne jeweils die Anzahl an Antworten.

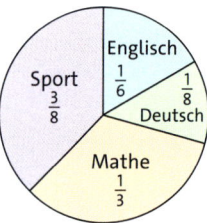

3 Bekim hat 22 von 50 Aufgaben richtig. Linus hat 8 von 20 Aufgaben richtig. Bestimme die relativen Häufigkeiten.
Wer von beiden ist besser? Begründe.

4 Welche Ergebnisse sind bei den Zufallsexperimenten möglich?

a)  b) 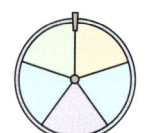 c)

5 Ein Glücksrad wurde 1000-mal gedreht. Übertrage und ergänze die Tabelle im Heft.

	Anzahl	relative Häufigkeit	Wahrscheinlichkeit
blau	140		
rot	500		
grün	360		

1 Bestimme den Median und das arithmetische Mittel. Vergleiche.
a) 32; 38; 31; 29; 42; 26; 33
b) 18; 260; 7; 57; 15; 87
c) 25,5 cm; 25,8 cm; 25,2 cm
d) 3 kg; 2521 g; 5,7 kg; 875 g

2 160 Schüler wurden befragt: „Was ist dein Lieblingsgemüse?"
a) Beschreibe das Diagramm.
b) Berechne jeweils die Anzahl an Antworten.

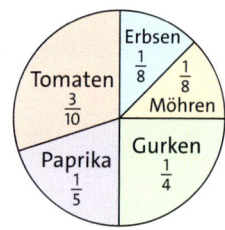

3 Im ersten Test hat Olga 6 von 18 Punkten. Im nächsten Test gibt es maximal 30 Punkte.
Wie viele Punkte muss Olga mindestens haben, damit sie besser ist?

5 Übertrage und ergänze die Tabelle im Heft.

	absolute Häufigkeit	Schätzwert für die Wahrscheinlichkeit
blau	380	
rot	125	
gelb	220	
grün	275	

Checkliste

Nr.	mathematische Fähigkeit (Kompetenz)	☺	☺	☹	Hast du etwas falsch gemacht? Wo lag dein Fehler?	Hier kannst du dich verbessern.
1	Ich kann den Median und den Durchschnitt aus Datenreihen bestimmen.					S. 59–61
2	Ich kann Kreisdiagramme beschreiben.					S. 56
3	Ich kann relative Häufig-keiten bestimmen und interpretieren.					S. 62
4	Ich kann mögliche Ergebnisse bei Zufalls-experimenten angeben.					S. 63
5	Ich kann relative Häufigkeiten und Wahrscheinlichkeiten für Zufallsexperimente angeben.					S. 65

Werte im Kreisdiagramm ablesen

An Kreisdiagrammen kannst du Anteile ablesen.

Für welche Anzahl steht der Anteil?
Das kannst du schrittweise berechnen:

① Teile (:) die Gesamtzahl durch den Nenner.
② Multipliziere (·) das Ergebnis mit dem Zähler.

Gesamtzahl $\xrightarrow{: \text{Nenner}}$ ▨▨▨ $\xrightarrow{· \text{Zähler}}$ Anzahl

Gesamtzahl

200 Personen wurden befragt.
Wie viele Stimmen bekamen die Modelle?

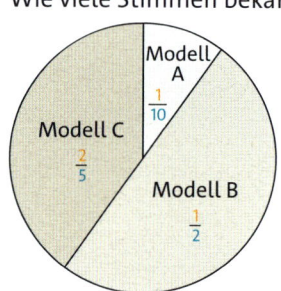

Modell A: $\frac{1}{10}$ von 200

$$200 \xrightarrow{: 10} 20 \xrightarrow{· 1} 20$$

> Modell A bekam
> 20 Stimmen.

Modell B: $\frac{1}{2}$ von 200

$$200 \xrightarrow{: 2} 100 \xrightarrow{· 1} 100$$

> 100 Stimmen.

> Sind die Anteile in Prozent (%) angegeben?
> Dann schreibe als Bruch mit dem Nenner 100:
> $1\% = \frac{1}{100}$

Modell C: $\frac{2}{5}$ von 200

$$200 \xrightarrow{: 5} 40 \xrightarrow{· 2} 80$$

> 80 Stimmen.

1 Für welche Anzahlen stehen die Anteile? Berechne.

a) 30 Kinder wurden
   befragt:
   Wie möchtest du
   später arbeiten?

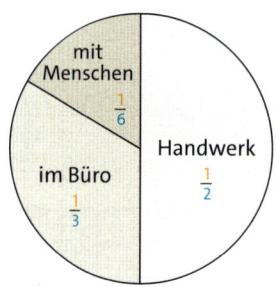

b) 10 Kinder wurden
   befragt:
   Bist du in einem
   Verein?

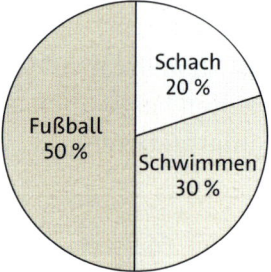

Lösungen

1 a) Handwerk: 15   im Büro: 10   mit Menschen: 5
    b) Schach: 2   Schwimmen: 3   Fußball: 5

Kreisdiagramm zeichnen (2 Seiten)

Der beste Handballer im Verein wurde gewählt. Das Ergebnis wurde in eine Tabelle geschrieben.

Name	Tobi	Alex	Max
Anzahl der Stimmen	20	30	70

> Gesamtzahl: Addiere (+) alle Stimmen.

So zeichnest du zur Tabelle ein Kreisdiagramm:

> Mit einem Kreisdiagramm kannst du gut Anteile darstellen. Der volle Kreis (360°) ist das Ganze.

① **Berechnen:**
- Berechne die Gesamtzahl: Addiere (+) alle Stimmen.
- Berechne die Winkelgröße für *eine* Stimme: 360° : Gesamtzahl
- Berechne die Winkelgröße für die Kreisteile: 3° · ■

> Wert aus der Tabelle

20 + 30 + 70 = 120

360° : 120 = 3°

Tobi: 3° · 20 = 60°
Alex: 3° · 30 = 90°
Max 3° · 70 = 210°

> Alle Winkelgrößen ergeben zusammen 360°.

> Jetzt brauchst du **Zirkel** und **Geodreieck**.

② **Zeichnen:**
- Markiere den Mittelpunkt M und zeichne einen Kreis um M. Du bestimmst die Größe des Kreises selbst.
- Zeichne einen Radius ein. Hier beginnt der 1. Kreisteil.
  Lege dort das Geodreieck an und markiere die Winkelgröße.
  Zeichne den 2. Schenkel. Dort beginnt der 2. Kreisteil. Zeichne den nächsten Winkel ein usw.

③ **Beschriften:**
- Überschrift
  Was kannst du im Diagramm ablesen?
- Kreisteile
  Trage einen Name und den zugehörigen Wert ein. Du kannst die Kreisteile auch bunt ausmalen.

Wer ist der beste Handballer im Verein?

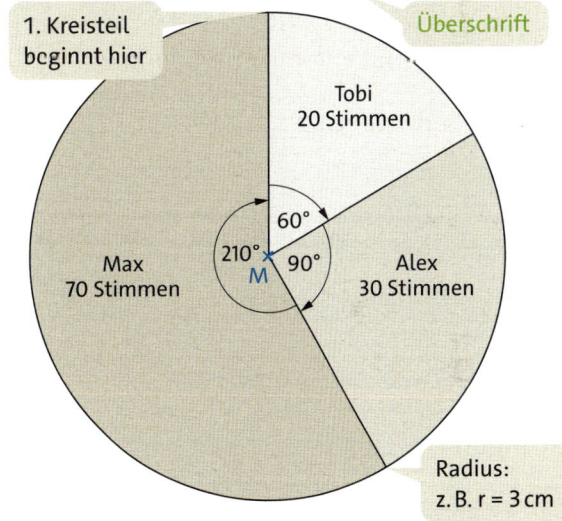

> 1. Kreisteil beginnt hier

> Überschrift

> Radius: z. B. r = 3 cm

1 Berechne die Winkelgrößen für ein Kreisdiagramm.

a)
Aufgabe	Hofdienst	Unterricht	
Anzahl	4	6	

b)
Fahrzeug	Fahrrad	Skateboard	
Anzahl	5	10	

2 Zeichne ein Kreisdiagramm.

Wie könnte die Überschrift heißen? Wie beschriftest du die Kreisteile?

> Achte auf die richtige Skala am Geodreieck.

a) Urkunden bei den Bundesjugendspielen:
   Ehrenurkunde: 2
   Siegerurkunde: 7
   Teilnahmeurkunde: 9

b) 15 Lehrer unterrichten Mathematik.
   11 Lehrer unterrichten Englisch.
   10 Lehrer unterrichten Deutsch.

Lösungen

1 a) Gesamtzahl: 4 + 6 = 10
   Winkelgröße für 1 Aufgabe: 360° : 10 = 36°
   Hofdienst: 36° · 4 = 144°
   Unterricht: 36° · 6 = 216°

b) Gesamtzahl: 5 + 10 = 15
   Winkelgröße für 1 Fahrzeug: 360° : 15 = 24°
   Fahrrad: 24° · 5 = 120°
   Skateboard: 24° · 10 = 240°

2 a) Gesamtzahl: 2 + 7 + 9 = 18
   Winkelgröße für 1 Urkunde: 360° : 18 = 20°
   Ehrenurkunde: 20° · 2 = 40°
   Siegerurkunde: 20° · 7 = 140°
   Teilnahmeurkunde: 20° · 9 = 180°

   verkleinerte Darstellung

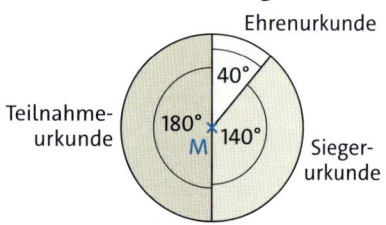

b) Gesamtzahl: 15 + 11 + 10 = 36
   Winkelgröße für 1 Lehrer: 360° : 36 = 10°
   Mathematik: 10° · 15 = 150°
   Englisch: 10° · 11 = 110°
   Deutsch: 10° · 10 = 100°

   verkleinerte Darstellung

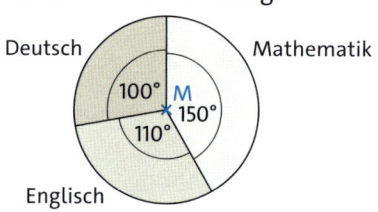

Den Durchschnitt berechnen

Der **Durchschnitt** ist ein Mittelwert. Der Durchschnitt heißt auch **arithmetisches Mittel**.

So berechnest du den **Durchschnitt**:

① Addiere (+) alle Werte.   Zähle alle Werte.

② Teile (:) dann durch die Anzahl der Werte.

So schreibst du kürzer:

$$\varnothing = \frac{\text{Summe aller Werte}}{\text{Anzahl der Werte}}$$

Wie oft war Marlene im Durchschnitt beim Training?

Monat	März	April	Mai
Anzahl	5	6	4

① 5 + 6 + 4 = 15   Es gibt 3 Werte.

② 15 : 3 = 5

Im Durchschnitt war Marlene 5-mal im Monat beim Training.

1 Berechne den Durchschnitt.

a) 10   70   0   30   40

b) 45   3   1   13   4   9   2

2 Beim Einkauf im Supermarkt bekommt Livia Sammelkarten.
Wie viele Sammelkarten erhält sie durchschnittlich bei einem Einkauf?
Tipp Beantworte die Fragen:
Wie viele Karten hat Livia insgesamt bekommen?
Wie oft war Livia einkaufen?

September						
Mo	Di	Mi	Do	Fr	Sa	So
4		2			18	
2		4	1			
6	1	7				

Lösungen

1 a) 10 + 70 + 0 + 30 + 40 = 150
150 : 5 = 30

b) 45 + 3 + 1 + 13 + 4 + 9 + 2 = 77
77 : 7 = 11

2 Livia erhält 45 Sammelkarten, sie war 9-mal einkaufen.
Livia erhält durchschnittlich 45 : 9 = 5 Sammelkarten bei einem Einkauf.

Der Zentralwert und seine Bedeutung

Der **Zentralwert** ist ein Mittelwert. Der Zentralwert heißt auch **Median**.

Der Zentralwert ist der **Wert in der Mitte** einer geordneten Datenreihe. Er teilt die Daten in zwei Hälften.

Das bedeutet:
- Die eine Hälfte der Daten ist kleiner als der Zentralwert.
- Die andere Hälfte der Daten ist größer als der Zentralwert.

Wie viel Taschengeld bekommt ihr?

0 € 15 € 16 € 20 € 60 €

Zentralwert

Eine Hälfte der Kinder bekommt weniger als 16 € Taschengeld.

Die andere Hälfte bekommt mehr als 16 € Taschengeld.

---

1 Unterstreiche den Zentralwert in orange, die kleinere Hälfte in blau und die größere Hälfte in grün.

a)

c) 3; 5; 7; 12; 23

b)

d) 75 €; 84 €; 96 €; 100 €; 130 €

2 Ergänze die Sätze.
Ergebnisse beim Weitsprung:
2,60 m; 2,88 m; 3,12 m; 3,15 m; 3,60 m

Der Zentralwert ist _____. Das bedeutet:
Die Hälfte der Kinder springt weniger weit als
_____.
Die Hälfte der Kinder springt weiter als _____.

Lösungen

1 a)

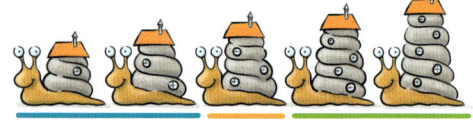

c) 3; 5; 7; 12; 23

b)

d) 75 €; 84 €; 96 €; 100 €; 130 €

2 Der Zentralwert ist **3,12 m**. Das bedeutet: Die Hälfte der Kinder springt weniger weit als **3,12 m**.
Die Hälfte der Kinder springt weiter als **3,12 m**.

Den Zentralwert berechnen

Der **Zentralwert** ist der **Wert in der Mitte** einer geordneten Datenreihe. Er heißt auch **Median**.

So bestimmst du den Zentralwert bei einer **ungeraden Anzahl** an Werten:

① Ordne die Werte von klein nach groß.

② Bestimme den Wert in der Mitte.

a) Bestimme den Zentralwert.
Werte: 10; 9; 4; 5; 3

> Es gibt 5 Werte. 5 ist eine **ungerade** Zahl.

Werte	3	4	5	9	10

Werte	3	4	5	9	10

Der Zentralwert ist 5.

So bestimmst du den Zentralwert bei einer **geraden Anzahl** an Werten:

① Ordne die Werte von klein nach groß.

② Bestimme die beiden Werte in der Mitte.
Berechne aus beiden Werten den Durchschnitt:
– Addiere (+) die Werte.
– Teile (:) durch 2.

b) Bestimme den Zentralwert.
Werte: 10; 9; 8; 4; 5; 3

> Es gibt 6 Werte. 6 ist eine **gerade** Zahl.

Werte	3	4	5	8	9	10

Werte	3	4	5	8	9	10

5 + **8** = 13
13 : 2 = 6,5
Der Zentralwert ist 6,5.

> Es gibt 2 Werte in der Mitte.

---

1 Ordne die Werte und lies den Zentralwert ab.

a) 3; 8; 15; 14; 11

Werte					

b) 40; 90; 75; 80; 100; 50; 110

Werte							

2 Ordne die Werte und bestimme den Zentralwert.

a) 24; 15; 18; 99; 4   b) 47; 89; 78; 54; 60   c) 5; 8; 7; 16   d) 250; 244; 300; 277

Lösungen

1 a) 3; 8; 11; 14; 15   Zentralwert: 11   b) 40; 50; 75; 80; 90; 100; 110   Zentralwert: 80

2 a) 4; 15; 18; 24; 99   b) 47; 54; 60; 78; 89
   c) 5; 7; 8; 16   **7** + **8** = 15   15 : 2 = 7,5   d) 244; 250; 277; 300   **250** + **277** = 527   527 : 2 = 263,5

Absolute Häufigkeit und relative Häufigkeit

Du kennst den Begriff Häufigkeit bereits.

Obst	Strichliste	Häufig-keit
Apfel	ⅢⅠ Ⅰ	6
Orange	ⅢⅠ	4
Gesamtzahl (+)		10

Die **absolute Häufigkeit** ist eine Anzahl.
Sie gibt an, wie oft ein Wert vorkommt.

Gib die absolute Häufigkeit für „Apfel" an.

> Wie oft kommt „Apfel" vor?

„Apfel" kommt 6-mal vor.
Die absolute Häufigkeit von „Apfel" ist 6.

Die **relative Häufigkeit** ist ein Anteil.
Teile (:) die absolute Häufigkeit durch die Gesamtzahl:

$$\text{relative Häufigkeit} = \frac{\text{absolute Häufigkeit}}{\text{Gesamtzahl}}$$

> Die relative Häufigkeit kannst du als Bruch, als Dezimalzahl oder in Prozent angeben.

Wie groß ist die relative Häufigkeit für „Apfel"?

> Wie groß ist der Anteil für „Apfel" von der Gesamtzahl?

> Kürzen!

$$\text{relative Häufigkeit} = \frac{6}{10} = \frac{3}{5}$$

Die relative Häufigkeit von „Apfel" ist $\frac{3}{5} = 0,6 = 60\,\%$.

1 Ergänze das Beispiel oben für „Orange".
a) Gib die absolute Häufigkeit für „Orange" an. **Tipp** Wie oft kommt „Orange" vor?
b) Berechne die relative Häufigkeit für „Orange".

2 Sieh dir das Bild an und fülle die Tabelle aus.

Rose

Nelke

Blume	absolute Häufigkeit	relative Häufigkeit
Rose		
rosa Nelke		
weiße Nelke		
Gesamtzahl (+)		

Lösungen

1 a) Die absolute Häufigkeit von „Orange" ist 4. b) Die relative Häufigkeit von „Orange" ist $\frac{2}{5} = 0,4 = 40\,\%$.

2

Blume	absolute Häufigkeit	relative Häufigkeit
Rose	5	$\frac{5}{10} = \frac{1}{2} = 0,5 = 50\,\%$
rosa Nelke	3	$\frac{3}{10} = 0,3 = 30\,\%$
weiße Nelke	2	$\frac{2}{10} = \frac{1}{5} = 0,2 = 20\,\%$
	10	

Checkliste Zufallsexperiment

Prüfe die drei Eigenschaften:

Ist das ein Zufallsexperiment?
a) Drehe das Glücksrad.

b) Drehe das Glücksrad.

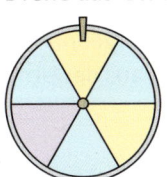

1. Sind verschiedene Ergebnisse möglich?

Die Ergebnisse „gelb", „türkis" und „lila" sind möglich. ☑

Nur das Ergebnis „orange" ist möglich. FALSCH

2. Weißt du *nicht*, welches Ergebnis du erhältst?

Man weiß vorher *nicht*, auf welche Farbe der Zeiger zeigen wird. ☑

Man weiß vorher, dass der Zeiger auf „orange" zeigen wird. FALSCH

3. Kann man den Versuch genauso wiederholen?

Man kann so oft drehen, wie man will. ☑

3-mal ✓! Dann ist es ein Zufallsexperiment.

1 Welche Ergebnisse sind möglich?
a) Eine 1-€-Münze wird geworfen.

b) Eine Kugel wird gezogen.

2 Ist das ein Zufallsexperiment?
Prüfe die drei Eigenschaften.
a) Marco wirft Heftzwecken und beobachtet, wie sie landen.

b) Miriam schaut in die Schale und zieht eine Kugel.

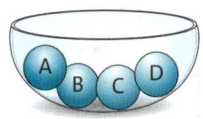

Lösungen

1 a) Die Ergebnisse „Zahl" und „Kopf/Wappen" sind möglich.
b) Die Ergebnisse „orange", „türkis" und „lila" sind möglich.

2 a) Das ist ein Zufallsexperiment.
b) Das ist kein Zufallsexperiment: Miriam sieht die Kugeln beim Ziehen.

Wahrscheinlichkeiten schätzen

Bei einem Zufallsexperiment kannst du das Ergebnis *nicht* vorhersagen. Du kannst aber schätzen, mit welcher **Wahrscheinlichkeit** ein Ergebnis eintritt.

Unmögliche Ergebnisse treten **nie** ein.
Unwahrscheinliche Ergebnisse treten **selten** ein.
Wahrscheinliche Ergebnisse treten **häufig** ein.
Sichere Ergebnisse treten **immer** ein.

Schätze das Ergebnis für das Ziehen einer Kugel aus der Urne.

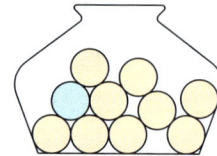

Das Ergebnis …
… „weiß" ist unmöglich, weil keine weiße Kugel in der Urne liegt.
… „blau" ist unwahrscheinlich, weil nur 1 von 10 Kugeln blau ist.
… „orange" ist wahrscheinlich, weil 9 von 10 Kugeln orange sind.
… „farbig" ist sicher, weil alle Kugeln farbig sind.

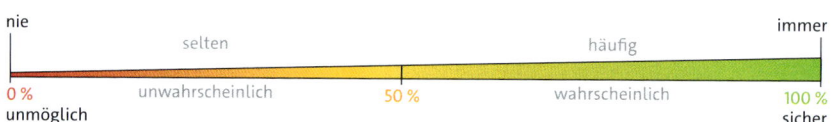

1 Wie wahrscheinlich ist das Ergebnis beim Würfeln?
Ergänze die Begriffe.

| unmöglich | unwahrscheinlich | wahrscheinlich | sicher |

a) Das Ergebnis „1" ist _____ .

b) Das Ergebnis „7" ist _____ .

c) Das Ergebnis „3 oder mehr" ist _____ .

d) Das Ergebnis „von 1 bis 6" ist _____ .

2 Schätze ein, wie wahrscheinlich das Ergebnis ist. Zeichne je einen Pfeil an die Skala.
a) Ich habe an einem Sonntag Geburtstag.
b) Die Hausnummer ist gerade.
c) Die Eisbahn öffnet im Sommer.
d) Beim Schwimmen werde ich nass.

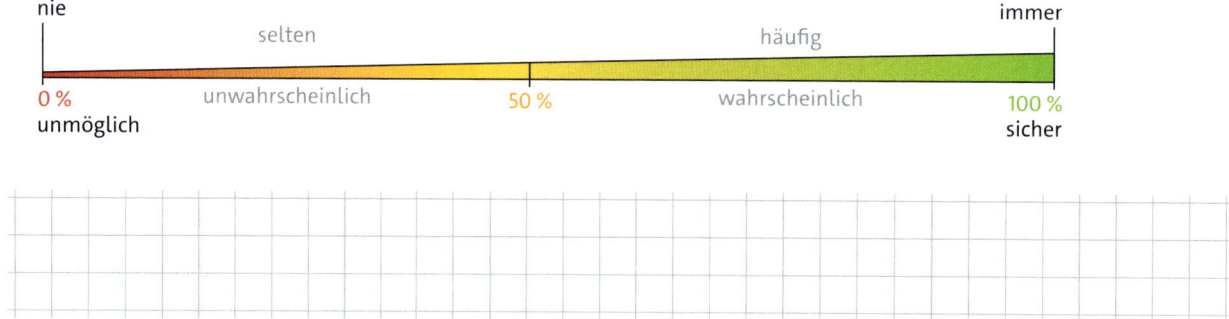

Lösungen

1 a) Das Ergebnis „1" ist unwahrscheinlich.
 c) Das Ergebnis „3 oder mehr" ist wahrscheinlich.
b) Das Ergebnis „7" ist unmöglich.
d) Das Ergebnis „Augenzahl" ist sicher.

2
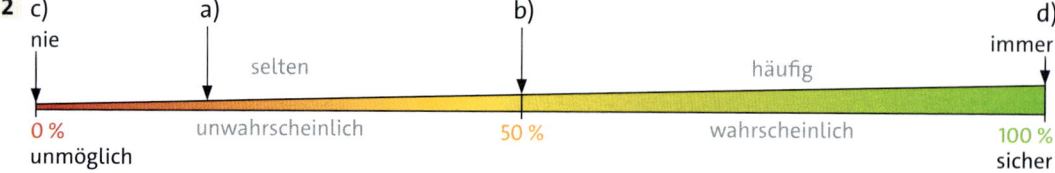

Relative Häufigkeit und Wahrscheinlichkeit

Wenn man ein Zufallsexperiment *sehr oft* wiederholt, ist die **relative Häufigkeit** ein **Schätzwert für die Wahrscheinlichkeit.**

So bestimmst du die Wahrscheinlichkeit für ein Ergebnis:
Teile (:) die Anzahl eines Ergebnisses durch die Anzahl aller Versuche:

relative Häufigkeit = $\dfrac{\text{Anzahl eines Ergebnisses}}{\text{Anzahl aller Versuche}}$

> Die Wahrscheinlichkeit kannst du als Bruch, als Dezimalzahl oder in Prozent angeben.

Das Glücksrad wurde 100-mal gedreht. Bestimme die Wahrscheinlichkeit für „blau" und für „grün".

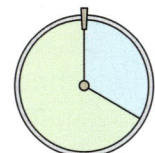

Ergebnis	Anzahl
„blau"	30
„grün"	70
	100

Anzahl aller Versuche

relative Häufigkeit = $\dfrac{30}{100} = \dfrac{3}{10} = 0{,}3 = 30\,\%$
Die Wahrscheinlichkeit für „blau" ist 0,3.

relative Häufigkeit = $\dfrac{70}{100} = \dfrac{7}{10} = 0{,}7 = 70\,\%$
Die Wahrscheinlichkeit für „grün" ist 70 %.

1 Zwei Glücksräder wurden gedreht. Bestimme die Wahrscheinlichkeiten.

a)

Ergebnis	Anzahl	Wahrscheinlichkeit
„blau"	35	
„grün"	40	
„orange"	25	
	100	

b)

Ergebnis	Anzahl	Wahrscheinlichkeit
„lila"	90	
„orange"	80	
„weiß"	30	

Lösungen

1 a) Die Wahrscheinlichkeit für „blau" ist $\dfrac{35}{100} = \dfrac{7}{20} = 0{,}35 = 35\,\%$.

Die Wahrscheinlichkeit für „grün" ist $\dfrac{40}{100} = \dfrac{2}{5} = 0{,}4 = 40\,\%$.

Die Wahrscheinlichkeit für „orange" ist $\dfrac{25}{100} = \dfrac{1}{4} = 0{,}25 = 25\,\%$.

b) Die Wahrscheinlichkeit für „lila" ist $\dfrac{90}{200} = \dfrac{9}{20} = 0{,}45 = 45\,\%$.

Die Wahrscheinlichkeit für „orange" ist $\dfrac{80}{200} = \dfrac{2}{5} = 0{,}4 = 40\,\%$.

Die Wahrscheinlichkeit für „weiß" ist $\dfrac{30}{200} = \dfrac{3}{20} = 0{,}15 = 15\,\%$.

Teste dich!

1 Rechne im Kopf.

a) 2,7 + 6,6   b) 15,4 – 7,8   c) 3 · 2,5   d) 4,2 : 0,7

2 Berechne schriftlich.
Prüfe dein Ergebnis mit einem Überschlag oder einer Umkehraufgabe.

a) 66,48 + 12,73   b) 317,5 + 48,32
c) 56,49 – 31,99   d) 346,8 – 256,59

2 Berechne schriftlich.
Prüfe dein Ergebnis mit einem Überschlag oder einer Umkehraufgabe.

a) 237,26 + 23,648   b) 14,302 + 9107,9
c) 150,3 – 23,09   d) 702,341 – 91,6

3 Melek hat 105 € dabei.
Wie viel Wechselgeld bekommt sie zurück?
Überschlage und berechne dann genau.

 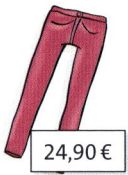 

12,99 €   24,90 €   65,70 €

3 Sia, Paul, Jo und Mia teilen sich die Kosten des Einkaufs. Wie viel muss jeder zahlen?
Überschlage und berechne dann genau.

je Kiste 4,99 €

11,22 €

4 Übertrage und ergänze die Tabelle.

	·	10	100	1000
a)	7,9281			
b)			12,523	
c)		88,03		

4 Übertrage und ergänze die Tabelle.

	·	10	100	1000
a)	92,2412			
b)				52,023
c)		233,6		

5 Multipliziere schriftlich.
Prüfe dein Ergebnis.

a) 16,52 · 14   b) 204,75 · 27
c) 0,47 · 3,2   d) 14,3 · 16,4

5 Multipliziere schriftlich.
Prüfe dein Ergebnis.

a) 135,52 · 57   b) 81 · 34,509
c) 56,7 · 18,31   d) 0,59 · 0,032

6 Dividiere schriftlich. Prüfe dein Ergebnis.

a) 305,2 : 7   b) 13,524 : 0,4
c) 22,32 : 1,2   d) 74,4 : 0,06

6 Dividiere schriftlich. Prüfe dein Ergebnis.

a) 151,74 : 9   b) 33,124 : 0,7
c) 155,28 : 2,4   d) 536,8 : 0,08

7 Letzte Woche waren 230 Kinder und 320 Erwachsene im Zoo.

| Kinder | 4,50 € |
| Erwachsene | 9,80 € |

Die Hälfte der Einnahmen werden für das Futter gebraucht. Wie viel Geld ist das?

7 Vier Freunde gehen in den Freizeitpark. Sie haben insgesamt 110,50 € dabei.

Eintritt	24,60 €
Pommes	1,99 €
Currywurst	1,29 €

Kann sich jeder noch eine Portion Pommes mit Currywurst kaufen?

Checkliste

Nr.	mathematische Fähigkeit (Kompetenz)	😊	😐	🙁	Hast du etwas falsch gemacht? Wo lag dein Fehler?	Hier kannst du dich verbessern.
1	Ich kann die Grundrechenarten im Kopf berechnen.					S. 68–73
2	Ich kann schriftlich addieren und subtrahieren und das Ergebnis überprüfen.					S. 68–70
3	Ich kann Sachaufgaben zur Addition und Subtraktion von Dezimalzahlen lösen.					S. 68–70
4	Ich kann Dezimalzahlen mit Stufenzahlen multiplizieren und dividieren.					S. 71
5	Ich kann schriftlich multiplizieren und das Ergebnis prüfen.					S. 72
6	Ich kann schriftlich dividieren und das Ergebnis prüfen.					S. 73
7	Ich kann Sachaufgaben zur Multiplikation und Division von Dezimalzahlen lösen.					S. 72–73

Schriftlich addieren mit Übertrag

Schreibe **stellengerecht** untereinander:
– von oben nach unten
– beginne rechts:
  Einer unter **Einer**,
  Zehner unter **Zehner**,
  Hunderter unter **Hunderter**, …

Lass eine Zeile für den **Übertrag** frei.

Rechne immer von rechts nach links ◄–.

① Addiere die **Einer**.

H	Z	E
1	5	3
+	7	2
		5

② Addiere die **Zehner**.

H	Z	E
1	5	3
+	7	2
1		
	2	5

7 + 5 = 12

③ Addiere die **Hunderter**.

H	Z	E
1	5	3
+	7	2
1		
2	2	5

1 Schreibe untereinander und berechne. Achte auf den **Übertrag**.
a) 148 + 171   b) 4145 + 2519   c) 3579 + 852

Lösungen

1 a) 319   b) 6664   c) 4431

Schriftlich subtrahieren mit Übertrag

Schreibe **stellengerecht** untereinander:
- von oben nach unten
- beginne rechts:
  Einer unter **Einer**,
  Zehner unter **Zehner**,
  Hunderter unter **Hunderter**, …

Lass eine Zeile für den **Übertrag** frei.

Rechne immer von rechts nach links ◄.

① Ergänze die **Einer**.

H	Z	E
2	5	7
− 1	9	3
		4

von 3 bis 7 sind 4

② Ergänze die **Zehner**.

H	Z	E
2	5	7
− 1	9	3
	1	
	6	4

von 9 bis 15 sind 6

③ Ergänze die **Hunderter**.

H	Z	E
2	5	7
− 1	9	3
	1	
	6	4

von 2 bis 2 ist 0

1 Schreibe untereinander und berechne. Achte auf den **Übertrag**.

a) 564 − 246   b) 456 − 372   c) 7847 − 568

Lösungen

1 a) 318   b) 84   c) 7279

Dezimalzahlen schriftlich addieren und subtrahieren

① Schreibe stellengerecht untereinander: Komma unter Komma.

② Rechne: Beginne ganz rechts.

③ Schreibe das Komma im Ergebnis.

a) 49,27 + 381,65

5 + 7 = 12

b) 463,53 – 74,05

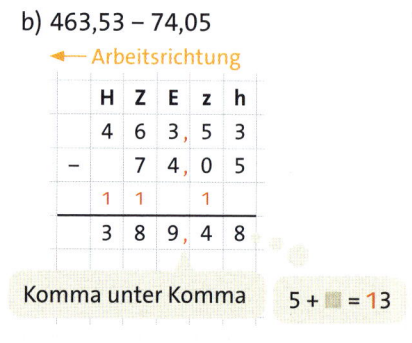

Komma unter Komma   5 + ▨ = 13

---

1 Schreibe stellengerecht und addiere.

Tipp Achte auf den Übertrag. Fülle leere Stellen am Ende mit einer 0 auf.

a) 571,42 + 143,65

b) 859,04 + 27,36

c) 8,89 + 682,3

d) 593,07 + 465,95

2 Schreibe stellengerecht und subtrahiere.

Tipp Achte auf den Übertrag. Fülle leere Stellen am Ende mit einer 0 auf.

a) 632,08 – 274,51

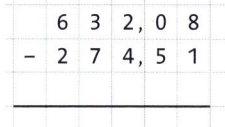

b) 403,68 – 318,75

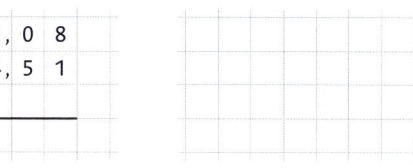

c) 300,2 – 65,49

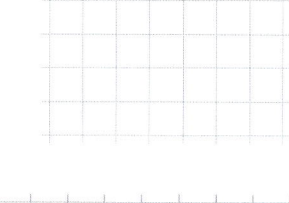

d) 716,04 – 359,7

Lösungen

1 a)

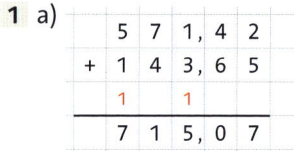

b)

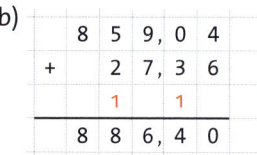

c)

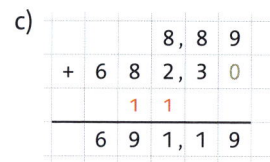

d)

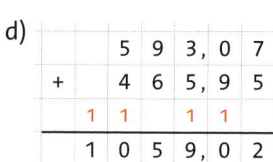

2 a)

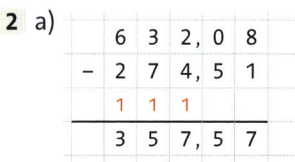

b)

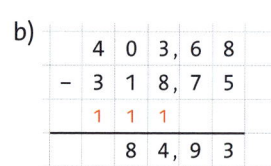

c)

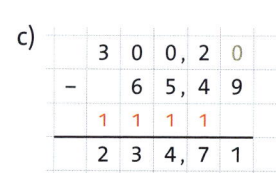

d)

Dezimalzahlen mit Stufenzahlen multiplizieren und dividieren

Dezimalzahlen mit einer Stufenzahl multiplizieren (·)

10; 100; 1000; …

① Zähle die Nullen der Stufenzahl.

② Verschiebe das Komma um so viele Stellen nach rechts (→).

> Manchmal musst du Nullen ergänzen.

$5{,}82 \cdot 10$
$5{,}82 \cdot 10 = 58{,}2$

eine Null, also Komma eine Stelle →

$5{,}82 \cdot 100$
$5{,}82 \cdot 100 = 582{,}0 = 582$

2 Nullen, 2 Stellen →

$5{,}82 \cdot 1000$
$5{,}820 \cdot 1000 = 5820{,}0 = 5820$

3 Nullen, 3 Stellen →

Dezimalzahlen durch eine Stufenzahl dividieren (:)

① Zähle die Nullen der Stufenzahl.

② Verschiebe das Komma um so viele Stellen nach links (←).

> Manchmal musst du Nullen ergänzen.

$73{,}5 : 10$
$73{,}5 : 10 = 7{,}35$

eine Null, also Komma eine Stelle ←

$73{,}5 : 100$
$73{,}5 : 100 = 0{,}735$

2 Nullen, 2 Stellen ←

$73{,}5 : 1000$
$0073{,}5 : 1000 = 0{,}0735$

3 Nullen, 3 Stellen ←

1 Multipliziere mit der Stufenzahl: Verschiebe das Komma nach rechts (→).

a) $15{,}3 \cdot 10$ b) $49{,}36 \cdot 100$ c) $67{,}2 \cdot 1000$ d) $71{,}25 \cdot 1000$

2 Dividiere durch die Stufenzahl: Verschiebe das Komma nach links (←).

a) $14{,}5 : 10$ b) $487{,}2 : 100$ c) $9{,}35 : 100$ d) $0{,}6 : 1000$

Lösungen

1 a) 153   b) 4936   c) 67 200   d) 71 250

2 a) 1,45   b) 4,872   c) 0,0935   d) 0,0006

Dezimalzahlen schriftlich multiplizieren

① Schreibe die Aufgabe ins Heft und unterstreiche sie.

② Multipliziere wie gewohnt:
  – stellenweise von rechts nach links
  – Addiere (+) alle Teilergebnisse.

③ Setze das Komma im Ergebnis:
  – Zähle die Nachkommastellen von beiden Dezimalzahlen in der Aufgabe zusammen.
  – Zähle im Ergebnis dieselbe Anzahl an Stellen von hinten ab. Setze davor das Komma.

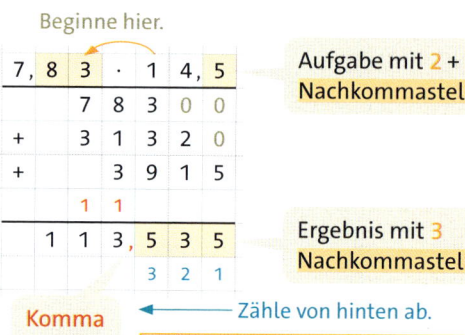

Beginne hier.

Aufgabe mit **2** + **1** Nachkommastellen

Ergebnis mit **3** Nachkommastellen

Zähle von hinten ab.

Komma setzen

Das Ergebnis hat genauso viele Stellen nach dem Komma wie beide Dezimalzahlen zusammen.

---

1 Wie viele Nachkommastellen hat das Ergebnis? Zähle ab.
Tipp Du brauchst das Ergebnis nicht zu berechnen.
a) 4,81 · 63,975   b) 199,3 · 5,246   c) 27 · 4,89   d) 7,06 · 3,005

2 Multipliziere schriftlich.
Tipp Setze im Ergebnis das Komma hinter der richtigen Stelle.
a) 3,2 · 5,7   b) 61,3 · 1,28   c) 10,952 · 31   d) 2,803 · 4,71

Lösungen

1 a) 5 Nachkommastellen   b) 4 Nachkommastellen   c) 2 Nachkommastellen   d) 5 Nachkommastellen

2 a) 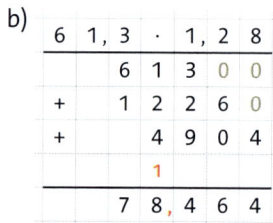   b)    c)   d)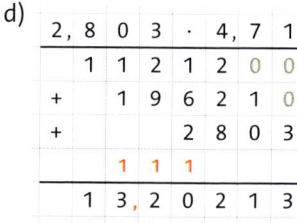

Dezimalzahlen schriftlich dividieren

Division durch eine natürliche Zahl

① Dividiere schriftlich.

② Setze ein Komma im Ergebnis, sobald du über das Komma kommst.

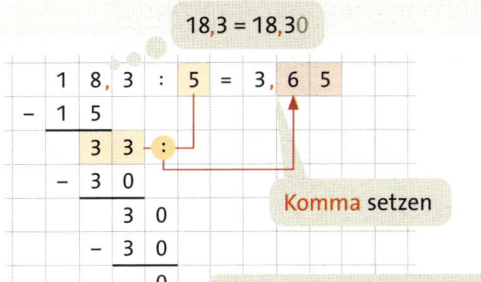

18,3 = 18,30

Komma setzen

1,6 hat eine Nachkommastelle: Verschiebe das Komma **bei beiden Zahlen** um eine Stelle nach rechts (→).

Division durch eine Dezimalzahl

① Wie viele Nachkommastellen hat die Zahl, durch die geteilt wird? Zähle.

② Verschiebe das Komma bei beiden Zahlen um diese Anzahl an Stellen nach rechts (→).

③ Dividiere schriftlich.
Setze ein Komma im Ergebnis, sobald du über das Komma kommst.

3,64 : 1,6 =

36,4 : 16,0 =

16,0 = 16

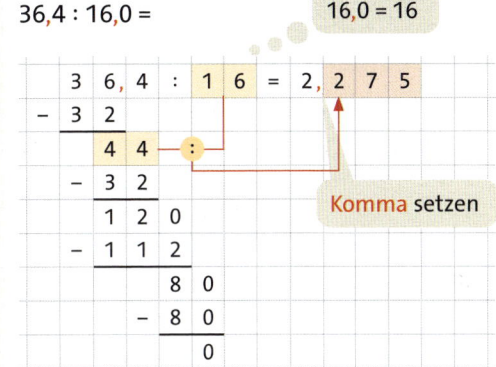

Komma setzen

> Manchmal musst du beim Verschieben des Kommas Nullen ans Ende der Zahl anhängen.

---

1 Verschiebe die Kommas so, dass du schriftlich dividieren kannst. Rechne nicht.

a) 27,905 : 13,4   b) 521,4 : 6,25   c) 1,345 : 0,7   d) 0,025 : 0,01

2 Dividiere schriftlich im Heft.
Tipp Verschiebe zuerst die Kommas.

a) 64,8 : 4,5   b) 53,125 : 12,5   c) 42,75 : 0,5   d) 0,77 : 0,2

Lösungen

1 a) 279,05 : 134   b) 52 140 : 625   c) 13,45 : 7   d) 2,5 : 1

2

a)
```
  6 4 8 : 4 5 = 1 4,4
- 4 5
  1 9 8
- 1 8 0
    1 8 0
  - 1 8 0
        0
```

b)
```
5 3 1,2 5 : 1 2 5 = 4,2 5
- 5 0 0
    3 1 2
  - 2 5 0
      6 2 5
    - 6 2 5
          0
```

c)
```
  4 2 7,5 : 5 = 8 5,5
- 4 0
    2 7
  - 2 5
      2 5
    - 2 5
        0
```

d)
```
7,7 : 2 = 3,8 5
- 6
  1 7
- 1 6
    1 0
  - 1 0
      0
```

Teste dich!

1 Positiv oder negativ? Begründe.

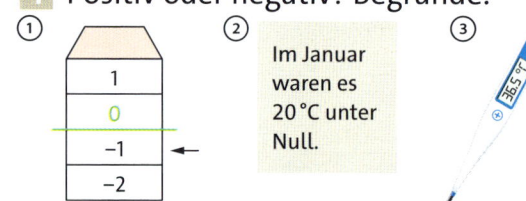 ①

② Im Januar waren es 20°C unter Null.

③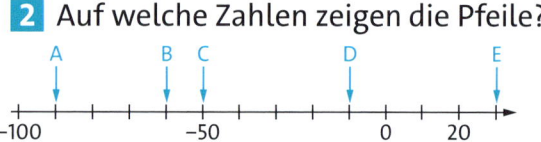

④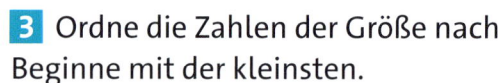
-2,50 m

⑤ Arne hat noch 3 € Schulden.

⑥ Marlis klettert den 5-m-Turm hoch.

2 Auf welche Zahlen zeigen die Pfeile?

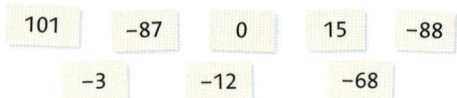

2 Auf welche Zahlen zeigen die Pfeile?

3 Ordne die Zahlen der Größe nach. Beginne mit der kleinsten.

| 101 | -87 | 0 | 15 | -88 |

| -3 | -12 | -68 |

3 Ordne die Zahlen der Größe nach. Beginne mit der größten.

| -777 | -47 | 999 | 18 | 45 |

| -356 | |-777| | 97 |

4 Vorzeichen oder Rechenzeichen? Begründe.
a) Die Temperatur sinkt um 15 °C.
b) Der Berg ist 1658 m hoch.
c) Vom Konto werden 89 € abgehoben.

4 Vorzeichen oder Rechenzeichen? Begründe.
a) Auf das Konto werden 153 € eingezahlt.
b) Das Schwimmbecken ist 4 m tief.
c) Es wird 10 °C kälter.

5 Zeichne ein Koordinatensystem.
Tipp Zeichne die Achsen von −3 bis +3.
a) Trage die Punkte ein und verbinde sie.
A (2|1); B(−3|1); C(−1|−1); D(2|−1); E(0|0)
b) Wo schneidet die Strecke $\overline{AB}$ die y-Achse?

5 Zeichne ein Koordinatensystem.
a) Trage die Punkte ein.
A (2|2); B(−1|2); C(−1|−1)
b) Ergänze einen Punkt D, sodass ein Quadrat entsteht.

6 Stelle die Rechengeschichte an einer Zahlengeraden dar.
Als Ben aufstand, waren es draußen −8 °C. Als er sich mittags mit einem Freund traf, waren es 2 °C. Bis zum Abend sind die Temperaturen um 7 °C gefallen.

6 Stelle die Rechengeschichte an einer Zahlengeraden dar.
Frau Mey hatte 120 € auf dem Konto. Es wurden 260 € Miete abgebucht. Nachdem sie ihren alten Roller verkauft hat, waren wieder 80 € auf dem Konto.

Checkliste

Nr.	mathematische Fähigkeit (Kompetenz)	☺	😐	☹	Hast du etwas falsch gemacht? Wo lag dein Fehler?	Hier kannst du dich verbessern.
1	Ich kann positive und negative Werte begründen.					S. 76
2	Ich kann ganze Zahlen an der Zahlengerade ablesen.					S. 77
3	Ich kann ganze Zahlen ordnen.					S. 78
4	Ich kann positive und negative Vorzeichen und Rechenzeichen in Sachverhalten angeben und begründen.					S. 79
5	Ich kann Punkte mit ganzen Zahlen im Koordinatensystem einzeichnen und ablesen.					S. 80–81
6	Ich kann Rechengeschichten an Zahlengeraden darstellen.					S. 77–79

Die Zahlengerade

Für Zahlen links von der Null brauchst du die **Zahlengerade**.
Dafür wurde der Zahlenstrahl an der Null gespiegelt.

Alle Zahlen links von der Null erhalten das Vorzeichen **–**.
Sie sind kleiner als null.

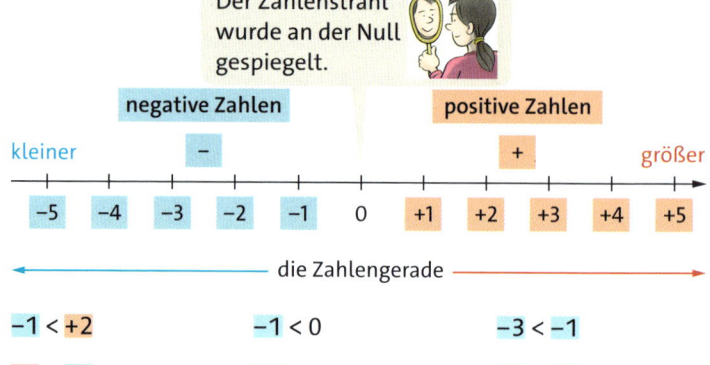

Der Zahlenstrahl wurde an der Null gespiegelt.

negative Zahlen   positive Zahlen

kleiner   –   +   größer

−5 −4 −3 −2 −1 0 +1 +2 +3 +4 +5

die Zahlengerade

Links (←) werden die Zahlen kleiner.

$-1 < +2$ $-1 < 0$ $-3 < -1$

Rechts (→) werden die Zahlen größer.

$+1 > -5$ $+2 > 0$ $+4 > +2$

---

1 Kleiner als **<** oder größer als **>**? Prüfe an der Zahlengeraden.

a) 2 ▦ 5 　　　　b) −2 ▦ −5 　　　　c) −7 ▦ 7 　　　　d) 0 ▦ −6

e) −2 ▦ 0 　　　　f) −29 ▦ 1 　　　　g) −5 ▦ −8 　　　　h) 2 ▦ −12

Das Krokodil frisst immer die größere Zahl.

2 Ordne die Zahlen von klein nach groß.

a) −1　+17　+3　0　−5　−99　+10

b) +200　−500　−50　+1000　0　−100　+550

Lösungen

1 a) $2 < 5$ 　　　　b) $-2 > -5$ 　　　　c) $-7 < 7$ 　　　　d) $0 > -6$

　e) $-2 < 0$ 　　　　f) $-29 < 1$ 　　　　g) $-5 > -8$ 　　　　h) $2 > -12$

2 a) −99; −5; −1; 0; +3; +10; +17 　　　　b) −500; −100; −50; 0; +200; +550; +1000

Ganze Zahlen auf der Zahlengeraden eintragen

① In welchen Schritten zählt die Zahlengerade?
In Einer-Schritten?
In Zweier-Schritten?
In Dreier-Schritten?
In Zehner-Schritten, …?

② Zwischen welchen beiden Zahlen muss die Zahl eingetragen werden?

③ Zähle bis zur gesuchten Zahl.
Zeichne einen Pfeil an diese Stelle und beschrifte ihn mit der Zahl.

Wie heißt die Zahl am Pfeil?

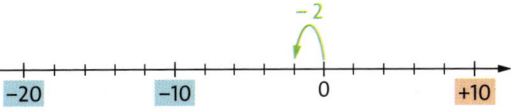

① in Zweier-Schritten

② −18 liegt zwischen −10 und −20.

③ 4 Striche links von −10

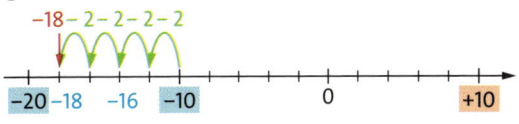

1 Tragen die Zahlen auf der Zahlengeraden ein.

a) +4; 0; −1; +5; −7; −4; +8

b) +10; −20; 0; +15; −35; −5; +25

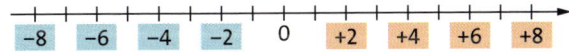
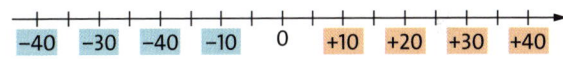

2 Zeichne eine Zahlengerade. Trage die Zahlen ein.
Tipp Welche ist die größte Zahl, welche die kleinste?
In welchen Schritten kann die Zahlengerade zählen?

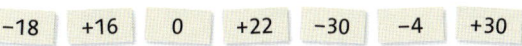

Lösungen

1 a)
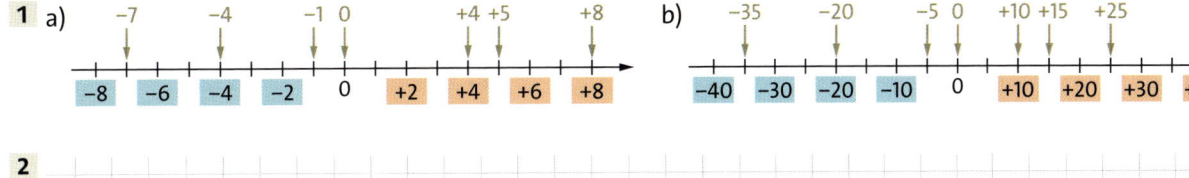

2
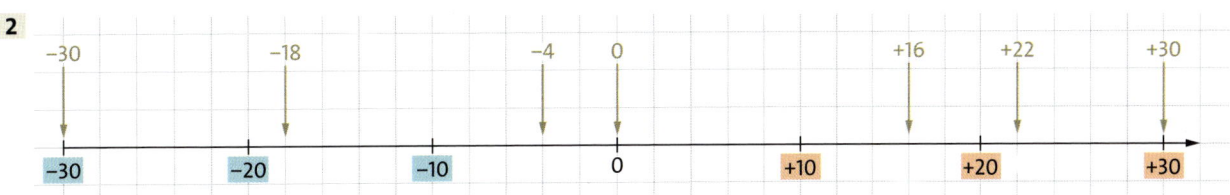

Betrag, Zahl und Gegenzahl

Zu jeder Zahl gibt es eine Gegenzahl.
Zahl und **Gegenzahl** haben …
– verschiedene Vorzeichen: – und +
– denselben Abstand zur Null

Den Abstand einer Zahl zur Null
heißt **Betrag**.
Schreibe so: |x|

der Betrag von
der Zahl x

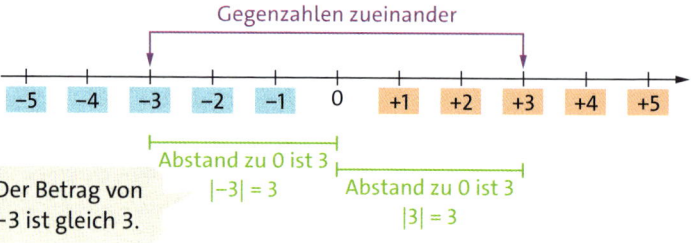

1 Fülle die Tabelle aus.

Tipp Tausche bei der Gegenzahl das Vorzeichen aus.
Schreibe den Betrag ohne Vorzeichen.

Zahl	+5	+12	−3					
Gegenzahl				+15	−31	+159		
Betrag							24	0

2 Markiere die Gegenzahl an der Zahlengerade.

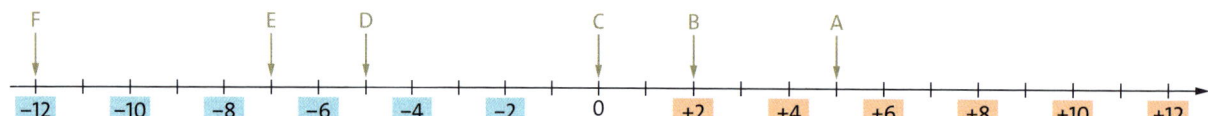

Lösungen

1

Zahl	+5	+12	−3	**−15**	**+31**	**−159**	**+24**	**−24**	**0**
Gegenzahl	**−5**	**−12**	**+3**	+15	−31	+159	**−24**	**+24**	**0**
Betrag	**5**	**12**	**3**	**15**	**31**	**159**	24		0

2

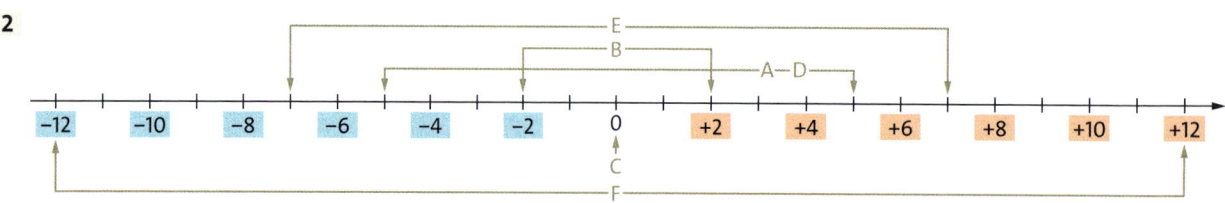

Temperaturen am Thermometer ablesen

Für Temperaturen gibt es die Einheit Grad Celsius.
Das Symbol dafür ist °C.
– Um 9 Uhr sind es 8 Grad Celsius.
– Um 14 Uhr sind es 15 °C.

sprich: „Zelsius"

9 Uhr

14 Uhr

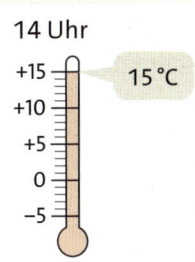

So beschreibst du eine Temperaturänderung:
– Die Temperatur steigt um … °C/fällt um … °C.
– Es wird … °C wärmer/… °C kälter.
– Die Temperatur nimmt um … °C zu/nimmt um
  … °C ab.

a) Die Temperatur steigt …

b) Die Temperatur fällt …

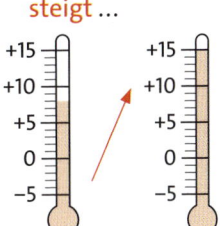
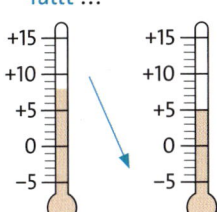

So berechnest du den Unterschied:
„hohe Temperatur" minus (–) „niedrige Temperatur"

Rechne ohne Einheit. Ergänze
die Einheit im Antwortsatz.

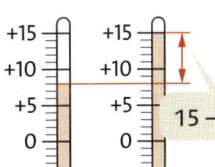
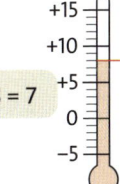
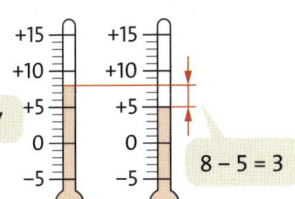

$15 - 8 = 7$

$8 - 5 = 3$

… um 7 °C.

… um 3 °C.

1 Lies die Temperaturen ab.

a)

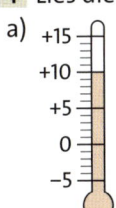

b)

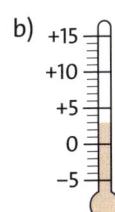

c)

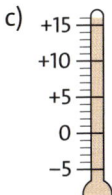

d)

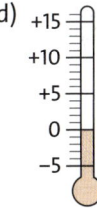

2 Welche Aussagen sind richtig?
a) Um 9 Uhr sind es 5 °C.
b) Um 14 Uhr sind es 13 °C.
c) Der Temperaturunterschied beträgt 10 °C.
d) Um 9 Uhr ist es wärmer als um 14 Uhr.
e) Die Temperatur fällt.

9 Uhr

14 Uhr

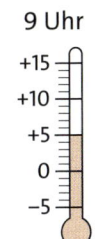
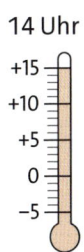

Lösungen

1 a) 10 °C   b) 3 °C   c) 16 °C   d) 0 °C

2 a) richtig   b) falsch: Um 14 Uhr sind es 15 °C.   c) richtig
    d) falsch: Um 9 Uhr ist es kälter als um 14 Uhr.   e) falsch: Die Temperatur steigt.

Punkte im erweiterten Koordinatensystem ablesen

Ein Punkt hat zwei
Koordinaten: P(x|y).

① Lies zuerst den
x-Wert ab.

② Lies dann den
y-Wert ab.

③ Schreibe als Punkt:
P(x|y).

Achte auf die
Vorzeichen.

Lies die Koordinaten des Punkts ab.
① Lege das Geodreieck an P und
senkrecht zur x-Achse.
Wo trifft das Geodreieck auf die
x-Achse?

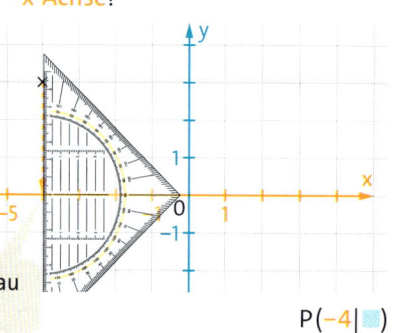

P liegt genau
über −4.

P(−4|)

② Lege das Geodreieck an P und
senkrecht zur y-Achse.
Wo trifft das Geodreieck auf die
y-Achse?

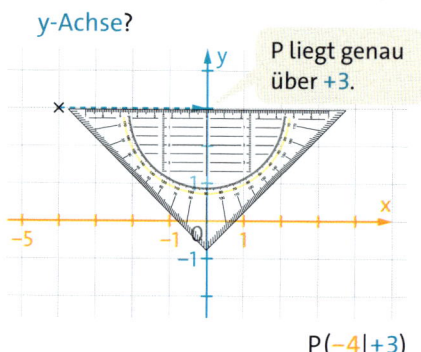

P liegt genau
über +3.

P(−4|+3)

1 Lies die Koordinaten der
Punkte ab.

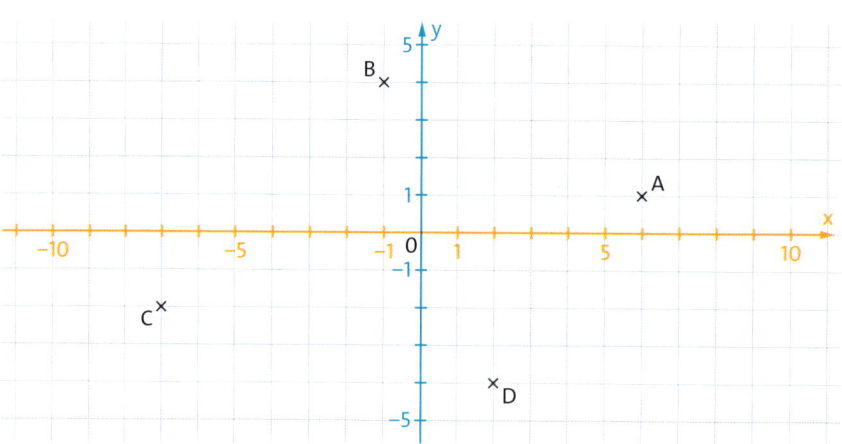

2 Manchmal sind die Achsen
anders eingeteilt.
Lies die Koordinaten der
Punkte ab.

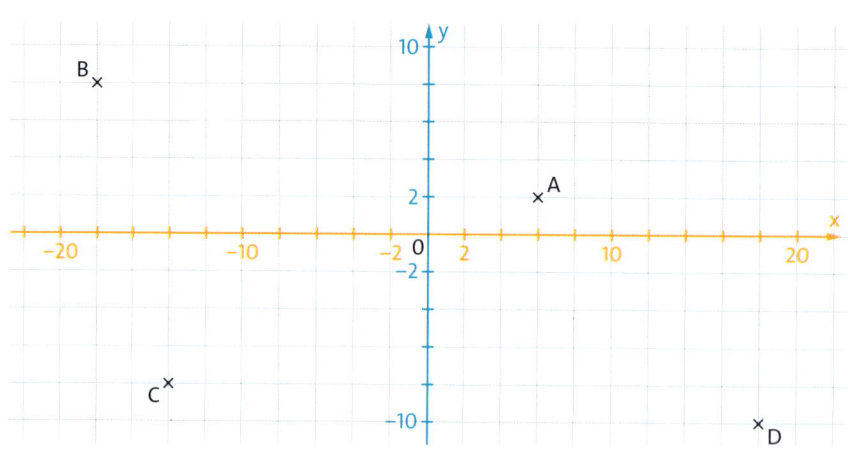

Lösungen

1 A(+6|+1)   B(−1|+4)   C(−7|−2)   D(+2|−4)

2 A(+6|+2)   B(−18|+8)   C(−14|−8)   D(+18|−10)

Das erweiterte Koordinatensystem zeichnen und Punkte eintragen (2 Seiten)

Zeichne ein erweitertes Koordinatensystem und trage die Punkte A (+6|+4), B (−7|+2), C (−3|−5) und D(+2|−4) ein.

① Wie lang musst du die Achsen zeichnen? Bestimme:
  – kleinsten und größten x-Wert
  – kleinsten und größten y-Wert

> P(x|y) Wie im Alphabet: erst x, dann y.

② Achsen zeichnen

> Die x-Achse von links nach rechts, die y-Achse von unten nach oben.

Die Achsen sind senkrecht zueinander. Das Kästchenpapier hilft dir dabei.

③ Achsen gleichmäßig einteilen

④ Achsen beschriften
  – Zahlen an den Achsen
  – Pfeilspitzen (nur rechts und oben)
  – Achsenbeschriftung x und y

> Die x-Achse nach rechts, die y-Achse nach oben.

⑤ Punkte eintragen und beschriften
  x-Achse:
  – bei + nach rechts (→),
  – bei − nach links (←)
  y-Achse:
  – bei + nach oben (↑),
  – bei − nach unten (↓)

> Gehe vom Ursprung (0|0) zuerst in Richtung der x-Achse und von dort in Richtung der y-Achse.

① x-Achse: mindestens von −7 bis +6
  y-Achse: mindestens von −5 bis +4

② und ③

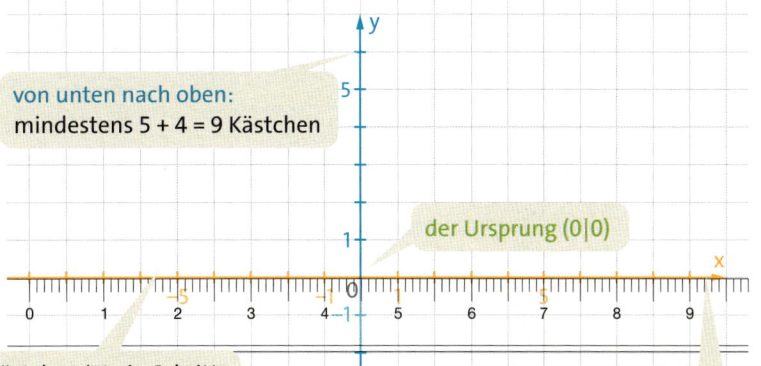

von unten nach oben: mindestens 5 + 4 = 9 Kästchen

der Ursprung (0|0)

1 Kästchen ist ein Schritt.

von links nach rechts: mindestens 7 + 6 = 13 Kästchen

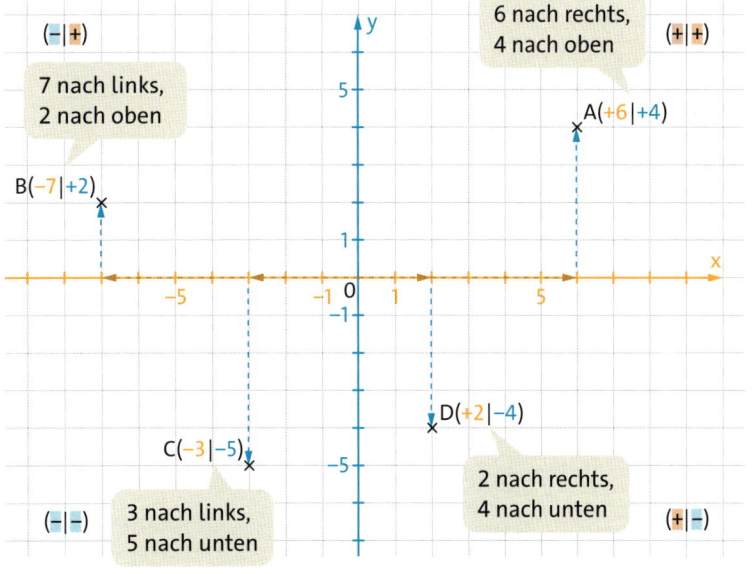

(−|+)

7 nach links, 2 nach oben

6 nach rechts, 4 nach oben

(+|+)

B(−7|+2)

A(+6|+4)

D(+2|−4)

C(−3|−5)

(−|−)

3 nach links, 5 nach unten

2 nach rechts, 4 nach unten

(+|−)

1 Trage die Punkte in das Koordinatensystem ein und beschrifte sie.

Tipp Achte auf die Vorzeichen der Koordinaten.

A (+1|+5)
B (−4|+3)
C (−8|−1)
D (+3|−5)
E (+7|+2)
F (−9|+1)
G (−5|−4)
H (+8|−2)

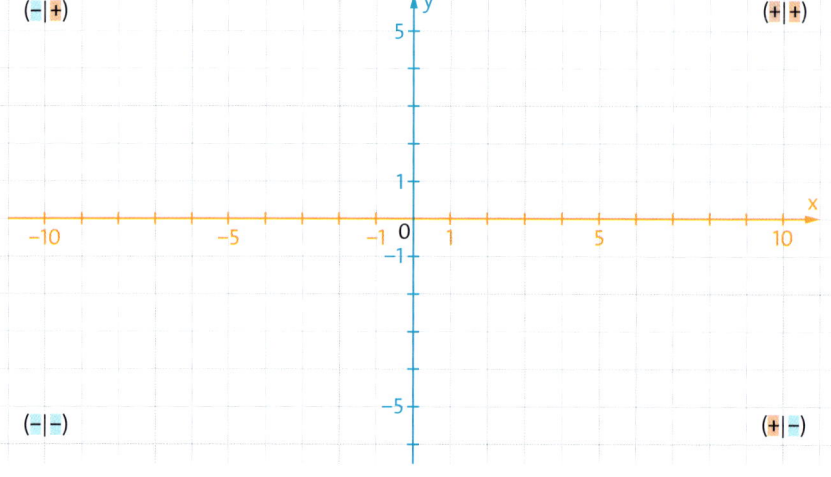

2 Zeichne ein Koordinatensystem. Die x-Achse geht von −5 bis +5 und die y-Achse geht von −3 bis +3. Trage die Punkte A(+4|+2), B(−2|+3), C(−2|−1) und D(+5|−3) im Koordinatensystem ein.

Tipp 2 Kästchen sind ein Schritt.

Lösungen

1 verkleinerte Abbildung

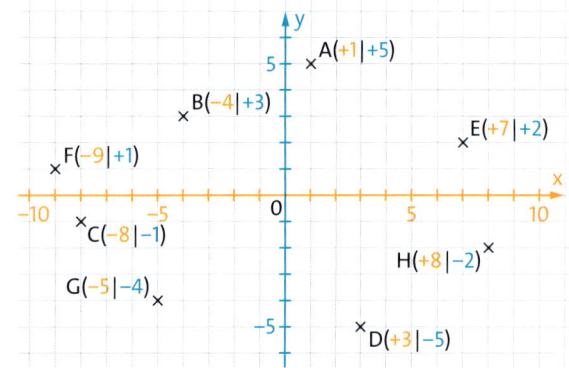

2 verkleinerte Abbildung

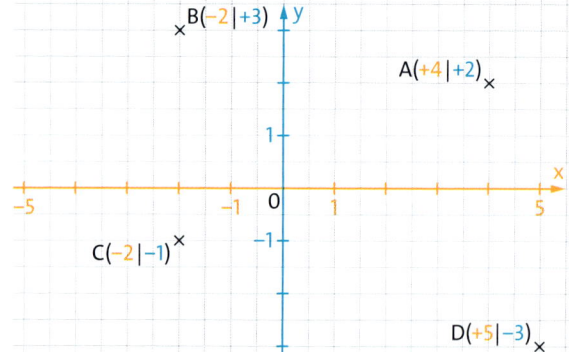

Teste dich!

1 Urlaub auf Teneriffa

a) In welchem Monat hat es am meisten geregnet, in welchem am wenigsten?

b) Zeichne eine passende Wertetabelle ins Heft.

c) Zeichne einen Graphen zur Tabelle:

Monat	April	Mai	Juni	Juli	August
Temperatur in °C	19	21	23	24	25

d) In welchen Monaten würdest du auf Teneriffa Urlaub machen? Begründe deine Antwort.

(Balkendiagramm: Weg (in m), y-Achse 0 bis 60; x-Achse Monate J F M A M J J A S O N D)

2 Ergänze die Tabelle der proportionalen Zuordnung im Heft.

Wasser in ℓ	1		10	20	30
Füllhöhe in cm		3		12	

2 Ergänze die Tabelle der proportionalen Zuordnung im Heft.

Preis in €	0,90	2,70	3,60		9,00
Gewicht in g		150		450	

3 Richtig oder falsch? Begründe.

a) Bei einer proportionalen Zuordnung gehört zur doppelten Menge der halbe Preis.

b) Der Graph einer proportionalen Zuordnung ist immer ein Strahl.

c) Bei jeder proportionalen Zuordnung gehört zur Hälfte des Ausgangswertes immer die Hälfte des zugeordneten Wertes.

3 Richtig oder falsch?
Begründe und berichtige im Heft.

a) Bei einer proportionalen Zuordnung gehört zur elffachen Menge der elffache Preis.

b) Der Graph einer proportionalen Zuordnung beginnt immer im Punkt (1|1).

c) Man kann für alle Zuordnungen einen Graphen zeichnen.

4 Berechne den fehlenden Wert.

a)
An-zahl	Preis in €
6	4,80
1	▓

:6 ↓ :6

b)
An-zahl	Län-ge in m
8	7,20
1	▓

:▓ ↓ :▓

4 Berechne den fehlenden Wert.

a)
An-zahl	Preis in €
9	36,45
1	▓

:9 ↓ :▓

b)
Ge-wicht in kg	Preis in €
12	7,2
1	▓

:▓ ↓ :▓

5 Ein Pool wird mit Wasser gefüllt.

Wasser in ℓ	50	250		400	500
Höhe mm		50	70		100

a) Ist die Zuordnung proportional? Begründe.

b) Ergänze die Tabelle im Heft.

c) Zeichne den Graphen.

d) Wie hoch steht das Wasser bei 120 ℓ?

5 Eine Ameise wiegt 10 mg.
Sie kann das 40-fache ihres Gewichts tragen.

a) Erstelle eine Wertetabelle für das Transportgewicht für 1 bis 10 Ameisen.

b) Zeichne den Graphen der Zuordnung.

c) Wie viele Ameisen braucht man für den Transport einer 3000 mg schweren Beere?

d) Ist die Zuordnung proportional? Begründe.

+6 Im Baumarkt kosten 40 Schrauben 8,00 €.
Frau Schneider braucht 15 Schrauben.
Wie viel muss sie bezahlen?

+6 Für 12 Flaschen bekommt Mark 1,80 € Pfand zurück.
Wie viel Pfand bekommt er für 26 Flaschen?

Checkliste

Nr.	mathematische Fähigkeit (Kompetenz)	☺	😐	☹	Hast du etwas falsch gemacht? Wo lag dein Fehler?	Hier kannst du dich verbessern.
1	Ich kann Diagrammen Zuordnungen entnehmen, eine Wertetabelle daraus erstellen und den Graphen zeichnen.					S. 88
2	Ich kann Tabellen zu proportionalen Zuordnungen ergänzen.					S. 85–86
3	Ich kann proportionale Sachverhalte erkennen und begründen.					S. 85–86
4	Ich kann Tabellen mithilfe des Zweisatzes ergänzen.					S. 85–86
5	Ich kann Proportionalität begründen, eine Tabelle dazu ergänzen, den Graphen zeichnen und Werte ablesen.					S. 85–86
6	Ich kann Sachaufgaben mithilfe des Dreisatzes lösen.					S. 87

Zweisatz – Vom Einfachen zum Vielfachen

Bei einer **proportionalen Zuordnung** kannst du jeden Wert berechnen.

Eine Ananas kostet 3 €. Wie viel kosten vier Ananas?

① Schreibe zwei Sätze:
– Was ist gegeben?
– Was ist gesucht?

1. Satz: 1 Ananas kostet 3 €.
2. Satz: 4 Ananas kosten 4-mal so viel.

> Ausgangswert und zugeordneter Wert

· 4

② Zeichne eine Tabelle und trage die Werte ein.

Anzahl Ananas	Preis in €
1. Satz: · 4 (1	3
2. Satz: 4	?

③ Berechne den gesuchten Wert.

> Rechne auf beiden Seiten das Gleiche.

Anzahl Ananas	Preis in €
1. Satz: · 4 (1	3) · 4
2. Satz: 4	12

· · · 3 · 4 = 12

④ Schreibe einen Antwortsatz.

Vier Ananas kosten 12 €.

---

1 Berechne mit dem Zweisatz.
Tipp Rechne auf beiden Seiten das Gleiche.

a)
Anzahl Ananas	Preis in €
· 5 (1	3) · ■
5	■

b)
Anzahl Tickets	Preis in €
· ■ (1	6) · ■
7	■

c)
Anzahl Brötchen	Preis in €
· ■ (1	0,30) · ■
12	■

2 Schreibe zwei Sätze. Zeichne eine Tabelle und berechne.
a) 1 Waffel kostet 1,20 €.
Wie viel kosten 6 Waffeln?

b) 1 Torte hat 16 Stücke.
Wie viele Stücke haben 3 Torten?

c) 1 Tüte Äpfel wiegt 1,5 kg.
Wie viel wiegen 4 Tüten?

Lösungen

1 a)
Anzahl Ananas	Preis in €
· 5 (1	3) · 5
5	15

b)
Anzahl Tickets	Preis in €
· 7 (1	6) · 7
7	42

c)
Anzahl Brötchen	Preis in €
· 12 (1	0,30) · 12
12	3,60

2 a) 1 Waffel kostet 1,20 €.
6 Waffeln kosten 7,20 €.

b) 1 Torte hat 16 Stücke.
3 Torten haben 48 Stücke.

c) 1 Tüte Äpfel wiegt 1,5 kg.
4 Tüten wiegen 6,0 kg.

Zweisatz – Vom Vielfachen zum Einfachen

Bei einer **proportionalen Zuordnung** kannst du jeden Wert berechnen.

Fünf Tickets kostet 20 €.
Wie viel kostet ein Ticket?

① Schreibe zwei Sätze:
– Was ist gegeben?
– Was ist gesucht?

1. Satz: 5 Tickets kostet 20 €.
2. Satz: 1 Ticket kostet ein Fünftel davon.

Ausgangswert und zugeordneter Wert

: 5

② Zeichne eine Tabelle und trage die Werte ein.

Anzahl Tickets	Preis in €
5	20
1	?

1. Satz:
2. Satz: : 5

③ Berechne den gesuchten Wert.

> Rechne auf beiden Seiten das Gleiche.

Anzahl Tickets	Preis in €
5	20
1	4

1. Satz: : 5   : 5
2. Satz:

20 : 5 = 4

④ Schreibe einen Antwortsatz.

Ein Ticket kostet 4 €.

---

1 Berechne mit dem Zweisatz.

Tipp Rechne auf beiden Seiten das Gleiche.

a)
Anzahl Tickets	Preis in €
4	32
1	▣

: 4   : ▣

b)
Anzahl Flaschen	Preis in €
12	36
1	▣

: ▣   : ▣

c)
Anzahl Eier	Preis in €
6	1,80
1	▣

: ▣   : ▣

2 Schreibe zwei Sätze. Zeichne eine Tabelle und berechne.

a) 4 Batterien kosten 5 €.
Wie viel kostet 1 Batterie?

b) 10 Briefmarken kosten 8 €.
Wie viel kostet 1 Briefmarke?

c) 30 Kaugummi kosten 5,10 €.
Wie viel kostet 1 Kaugummi?

Lösungen

1 a)
Anzahl Tickets	Preis in €
4	32
1	8

: 4   : 4

b)
Anzahl Flaschen	Preis in €
12	36
1	3

: 12   : 12

c)
Anzahl Eier	Preis in €
6	1,80
1	0,30

: 6   : 6

2 a) 4 Batterien kosten 5 €.
1 Batterie kostet 1,25 €.

b) 10 Briefmarken kosten 8 €.
1 Briefmarke kostet 0,8 €.

c) 30 Kaugummi kosten 5,10 €.
1 Kaugummi kostet 0,17 €.

Dreisatz bei proportionalen Zuordnungen

Bei einer **proportionalen Zuordnung** kannst du jeden Wert berechnen.

4 Eier reichen für 24 Muffins.
Für wie viele Muffins reichen 3 Eier?

Berechne mit dem **Dreisatz**:

① Zeichne eine Tabelle.

② Was ist gegeben?
Schreibe das **Wertepaar** in die 1. Zeile der Tabelle.

Anzahl Eier	Anzahl Muffins
4	24
	?

gegebenes Wertepaar

③ Wie groß ist der Wert für 1 (Einheit)?
Dividiere (:) auf beiden Seiten durch dieselbe Zahl.

Anzahl Eier	Anzahl Muffins
:4 ⌒ 4	24 ⌒ :4
1	6
	?

Zwischenschritt berechnen

④ Wie groß ist der gesuchte Wert?
Multipliziere (·) auf beiden Seiten mit derselben Zahl.

Anzahl Eier	Anzahl Muffins
4	24
·3 ⌒ 1	6 ⌒ ·3
3	18

berechnetes Wertepaar

⑤ Schreibe einen Antwortsatz.

3 Eier reichen für 18 Muffins.

---

1 Fülle die Dreisatztabelle aus. Rechne auf beiden Seiten das Gleiche.

a)
Anzahl Eier	Anzahl Muffins
: ⌒ 4	24 ⌒ :
1	
· 6	

b)
Anzahl	Preis in €
: ⌒ 15	45 ⌒ :
1	
· 10	

c)
Anzahl	Gewicht in kg
: ⌒ 6	30 ⌒ :
1	
· 7	

2 Berechne mit dem Dreisatz. Trage auch die Überschriften ein.

a) 5 Päckchen kosten 10 €.
Wie viel kosten 2 Päckchen?

Anzahl Päckchen	
: ⌒	⌒ :
1	
·	

b) 3 Säcke kosten 3,33 €.
Wie viel kosten 5 Säcke?

	Preis in €
: ⌒	⌒ :
·	

c) 10 Atlanten wiegen 12,5 kg.
Wie viel wiegen 7 Atlanten?

: ⌒	⌒ :
·	

Lösungen

1 a)
Anzahl Eier	Anzahl Muffins
:4 ⌒ 4	24 ⌒ :4
1	6
·6 ⌒ 6	36 ⌒ ·6

b)
Anzahl	Preis in €
:15 ⌒ 15	45 ⌒ :15
1	3
·10 ⌒ 10	30 ⌒ ·10

c)
Anzahl	Gewicht in kg
:6 ⌒ 6	30 ⌒ :6
1	5
·7 ⌒ 7	35 ⌒ ·7

2 a) 2 Päckchen kosten 4 €.

b) 5 Säcke kosten 5,55 €.

c) 7 Atlanten wiegen 8,75 kg.

Weg-Zeit-Diagramme

Ein **Weg-Zeit-Diagramm** zeigt zu der Zeit an, welchen Weg jemand zurückgelegt hat.

Zeit → Weg

Die Geschwindigkeit bestimmt, wie steil oder flach ein Abschnitt im Diagramm ist:

– steil: viel Weg in kurzer Zeit
– flach: wenig Weg in viel Zeit
– gerade: kein Weg

Stella besucht ihre Tante: Sie fährt zuerst mit dem Zug. Am Bahnhof wartet sie, bis ihre Tante sie mit dem Auto abholt.

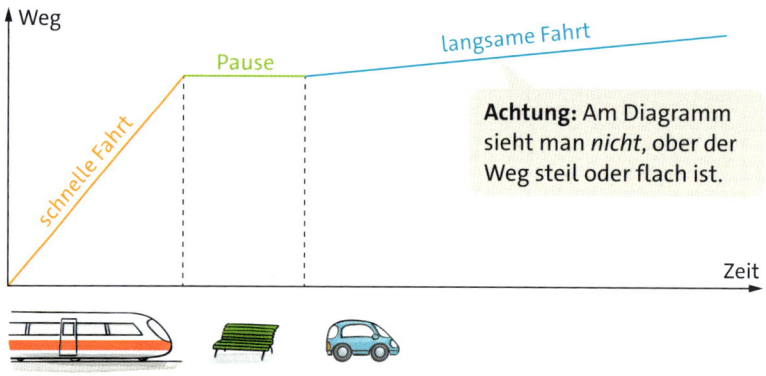

Achtung: Am Diagramm sieht man *nicht*, ober der Weg steil oder flach ist.

---

1 Jakob geht einen Teil des Schulwegs zu Fuß, einen anderen Teil fährt er mit dem Bus.
Markiere den Bus-Abschnitt im Diagramm orange und den Fuß-Abschnitt in türkis.

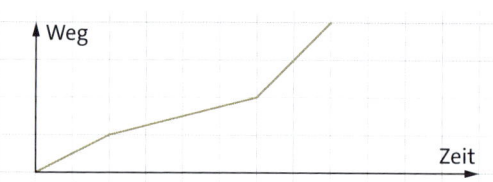

2 Melih fährt mit dem Bus zu seinem Freund. Ergänze die Sätze.

a) Melih steigt um _____ Uhr in den Bus.

b) Um _____ Uhr ist er am Busbahnhof.

c) Dort wartet er _____ Minuten auf den nächsten Bus. Mit ihm fährt er bis zur Haustür.

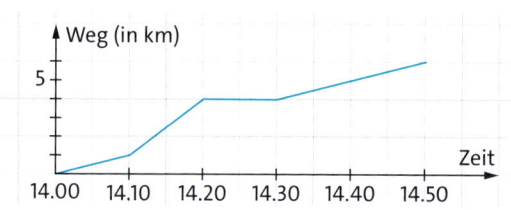

3 Wahr oder falsch?
a) Am Anfang läuft die Schildkröte sehr schnell.
b) Nach 10 Minuten macht sie eine Pause.
c) Die Pause dauert 30 Minuten.
d) Sie macht zwei Pausen.
e) Sie wurde 50 Stunden beobachtet.
f) Sie ist insgesamt 200 m weit gekommen.

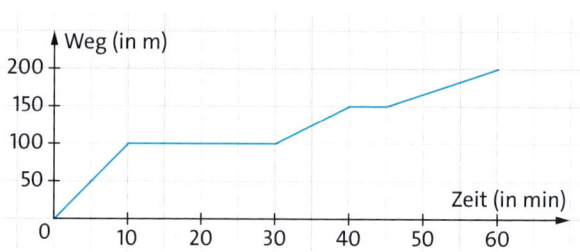

Lösungen

1

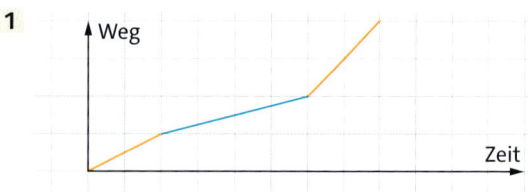

2 a) 14:10   b) 14:20   c) 10

3 a) richtig   b) richtig   c) Die Pause dauert 20 Minuten.
   d) richtig   e) Die Beobachtung dauerte 60 Minuten.   f) richtig

Teilbarkeit und Brüche Teste dich!

1. a) $\frac{3}{5} > \frac{8}{15}$ b) $\frac{8}{9} < \frac{9}{10}$
   c) $\frac{9}{12} > \frac{5}{8}$ d) $11\frac{1}{2} < 11\frac{2}{3}$

2. a) $\frac{5}{16}$ b) $\frac{3}{8}$

3. a), b)

Von der 0 bis zur 1 sind es 16 Teilstrecken. Der Zahlenstrahl wurde also in Sechzehntel eingeteilt.

4. Die Klasse ist mit Hin- und Rückfahrt 3 Stunden unterwegs.

a) 5 Quadrate sind gefärbt. Das ist der Zähler. Da der Nenner 16 ist, muss die Figur aus 16 Quadraten bestehen.
b) 3 Rechtecke sind gefärbt. Das ist der Zähler. Da der Nenner 8 ist, muss die Figur aus 8 Rechtecken bestehen.

$\frac{3}{4}\,h + 1\frac{1}{2}\,h + \frac{3}{4}\,h = \frac{3}{4}\,h + \frac{6}{4}\,h + \frac{3}{4}\,h = \frac{12}{4}\,h = 3\,h$

Addition und Subtraktion von Brüchen Teste dich!

1. a) $\frac{11}{11} = 1$ b) $\frac{22}{31}$
   c) $\frac{7}{17}$ d) $\frac{3}{5}$

   a) $\frac{6}{11} + \frac{5}{11} = \frac{6+5}{11} = \frac{11}{11} = 1$ b) $\frac{17}{31} + \frac{5}{31} = \frac{17+5}{31} = \frac{22}{31}$
   c) $\frac{5}{17} + \frac{12}{17} = \frac{12-5}{17} = \frac{7}{17}$ d) $\frac{23}{25} - \frac{8}{25} = \frac{23-8}{25} = \frac{15:5}{25:5} = \frac{3}{5}$

2. $\frac{3}{5} + \frac{3}{10} = \frac{4}{10} + \frac{3}{10} = \frac{7}{10}$

   Zuerst wird der Bruch $\frac{2}{5}$ mit 2 zu $\frac{4}{10}$ erweitert. Anschließend werden die Zähler der Brüche addiert. Der gemeinsame Nenner 10 wird beibehalten.

3. a) $\frac{23}{27}$ b) $\frac{17}{30}$
   c) $\frac{2}{35}$ d) $\frac{1}{12}$

   a) $\frac{4\cdot3}{9\cdot3} + \frac{11}{27} = \frac{12}{27} + \frac{11}{27} = \frac{12+11}{27} = \frac{23}{27}$ b) $\frac{2\cdot6}{5\cdot6} + \frac{1\cdot5}{6\cdot5} = \frac{12}{30} + \frac{5}{30} = \frac{12+5}{30} = \frac{17}{30}$
   c) $\frac{27}{35} - \frac{5\cdot5}{7\cdot5} = \frac{27}{35} - \frac{25}{35} = \frac{27-25}{35} = \frac{2}{35}$ d) $\frac{5\cdot2}{6\cdot2} - \frac{3\cdot3}{4\cdot3} = \frac{10}{12} - \frac{9}{12} = \frac{10-9}{12} = \frac{1}{12}$

4. a) $18\frac{1}{5}$
   b) $14\frac{31}{32}$
   c) $\frac{6}{7}$
   d) $\frac{8}{15}$

   a) $9\frac{4}{5} + 8\frac{2}{5} = 9 + 8 + \frac{4}{5} + \frac{2}{5} = 17 + \frac{4+2}{5} = 17\frac{6}{5} = 18\frac{1}{5}$
   b) $8\frac{3}{32} + 6\frac{7}{8} = 8 + 6 + \frac{3}{32} + \frac{7\cdot4}{8\cdot4} = 14 + \frac{3+28}{32} = 14\frac{31}{32}$
   c) $2\frac{3}{7} - 1\frac{4}{7} = \frac{17}{7} - \frac{11}{7} = \frac{17-11}{7} = \frac{6}{7}$
   d) $2\frac{1}{3} - 1\frac{2}{5} = \frac{11}{5} - \frac{5}{3} = \frac{33}{15} - \frac{25}{15} = \frac{33-25}{15} = \frac{8}{15}$

5. Am Ende sind noch 6 t übrig.

   $9\frac{1}{2} - 3\frac{1}{4} - 1 = 9\frac{2}{4} - 3\frac{1}{2} = 9 - 3 + \frac{1}{2} - \frac{1}{2} = 6 + 0 = 6$

6. a) Die gesuchte Zahl ist $\frac{5}{12}$.
   b) Die gesuchte Zahl ist $\frac{13}{12} = 1\frac{1}{12}$.

   a) Rechnung: $+\frac{1}{6} = \frac{7}{12}$ Umkehraufgabe: $\frac{7}{12} - \frac{1}{6} = \frac{7}{12} - \frac{2}{12} = \frac{5}{12}$
   b) Rechnung: $-\frac{1}{4} = \frac{5}{6}$ Umkehraufgabe: $\frac{5}{6} + \frac{1}{4} = \frac{10}{12} + \frac{3}{12} = \frac{13}{12} = 1\frac{1}{12}$.

Teilbarkeit und Brüche Teste dich!

1. a) $\frac{17}{24} < \frac{6}{8}$ b) $\frac{9}{10} < \frac{13}{15}$
   c) $\frac{13}{14} < \frac{19}{18}$ d) $\frac{13}{12} < 1\frac{1}{11}$

2. Beispiele:
   a)   b)
   $\frac{3}{4}$ $\frac{3}{5}$

3. a), b)

Von der 0 bis zur 1 sind es 16 Teilstrecken. Der Zahlenstrahl wurde also in Sechzehntel eingeteilt.

4. Die Klasse wandert $5\frac{1}{2}$ h.

a) 3 Dreiecke sind gefärbt. Das ist der Zähler. Da der Nenner 4 ist, muss die Figur aus 4 Teildreiecken bestehen.
b) 3 Dreiecke sind gefärbt. Das ist der Zähler. Da der Nenner 5 ist, muss die Figur aus 5 Teildreiecken bestehen.

$2\frac{1}{2}\,h + \frac{1}{4}\,h + 2\frac{3}{4}\,h = \frac{10}{4}\,h + \frac{1}{4}\,h + \frac{11}{4}\,h = \frac{22}{4}\,h = \frac{11}{2}\,h = 5\frac{1}{2}\,h$

Addition und Subtraktion von Brüchen Teste dich!

1. a) $\frac{7}{8}$ b) $\frac{1}{4}$
   c) $\frac{7}{9}$ d) $\frac{5}{8}$

   a) $\frac{19}{24} + \frac{3}{24} = \frac{19+3}{24} = \frac{21:3}{24:3} = \frac{7}{8}$ b) $\frac{15}{32} - \frac{7}{32} = \frac{15-7}{32} = \frac{8:8}{32:8} = \frac{1}{4}$
   c) $\frac{23}{45} + \frac{12}{45} = \frac{23+12}{45} = \frac{35:5}{45:5} = \frac{7}{9}$ d) $\frac{43}{56} - \frac{8}{56} = \frac{43-8}{56} = \frac{35:7}{56:7} = \frac{5}{8}$

2. $\frac{1}{3} + \frac{3}{5} = \frac{5}{15} + \frac{9}{15} = \frac{14}{15}$

   Zuerst werden beide Brüche auf kgV(3; 5) = 15 erweitert. Anschließend werden die Zähler der Brüche addiert. Der gemeinsame Nenner 15 wird beibehalten.

3. a) $\frac{14}{15}$ b) $\frac{1}{7}$
   c) $\frac{9}{40}$ d) $\frac{17}{18}$

   a) $\frac{3\cdot6}{5\cdot6} + \frac{2\cdot5}{6\cdot5} = \frac{18}{30} + \frac{10}{30} = \frac{28:2}{30:2} = \frac{14}{15}$ b) $\frac{41}{42} - \frac{5\cdot7}{6\cdot7} = \frac{41}{42} - \frac{35}{42} = \frac{6:6}{42:6} = \frac{1}{7}$
   c) $\frac{6\cdot4}{10\cdot4} - \frac{3\cdot5}{8\cdot5} = \frac{24}{40} - \frac{15}{40} = \frac{9}{40}$ d) $\frac{1\cdot2}{9\cdot2} + \frac{5\cdot3}{6\cdot3} = \frac{2}{18} + \frac{15}{18} = \frac{17}{18}$

4. a) $14\frac{1}{3}$
   b) $41\frac{37}{48}$
   c) $\frac{5}{12}$
   d) $2\frac{1}{21}$

   a) $11\frac{3}{4} + 2\frac{7}{12} = 11 + 2 + \frac{9}{12} + \frac{7}{12} = 13 + \frac{9+7}{12} = 13\frac{16}{12} = 14\frac{4}{12} = 14\frac{1}{3}$
   b) $16\frac{17}{48} + 25\frac{5}{12} = 16 + 25 + \frac{17}{48} + \frac{5\cdot4}{12\cdot4} = 41 + \frac{17+20}{48} = 41\frac{37}{48}$
   c) $4\frac{1}{6} - 3\frac{3}{4} = \frac{25}{6} - \frac{15}{4} = \frac{25\cdot2}{6\cdot2} - \frac{15\cdot3}{4\cdot3} = \frac{50}{12} - \frac{45}{12} = \frac{50-45}{12} = \frac{5}{12}$
   d) $5\frac{5}{7} - 3\frac{2}{3} = \frac{40}{7} - \frac{11}{3} = \frac{40\cdot3}{7\cdot3} - \frac{11\cdot7}{3\cdot7} = \frac{120}{21} - \frac{77}{21} = \frac{120-77}{21} = \frac{43}{21} = 2\frac{1}{21}$

5. Sie braucht bis zum Ziel noch $5\frac{1}{6}$ Stunden, das sind 5 Stunden und 10 Minuten.

   Die Pause zählt nicht zur Wanderzeit von $6\frac{1}{6}$ h.

   $6\frac{1}{2} - 1\frac{1}{3} = \frac{13}{2} - \frac{4}{3} = \frac{13\cdot3}{2\cdot3} - \frac{4\cdot2}{3\cdot2} = \frac{39}{6} - \frac{8}{6} = \frac{31}{6} = 5\frac{1}{6}$

6. a) Die gesuchte Zahl ist $\frac{1}{2}$.
   b) Die gesuchte Zahl ist $\frac{2}{3}$.

   a) Rechnung: $+\frac{3}{8} = \frac{7}{8}$ Umkehraufgabe: $\frac{1}{8} + \frac{3}{4} = \frac{3}{8} = \frac{4}{8} = \frac{1}{2}$
   b) Rechnung: $-\frac{5}{9} = \frac{1}{6}$ Umkehraufgabe: $\frac{17}{18} - \frac{5}{6} = \frac{17}{18} - \frac{15}{18} = \frac{12}{18} = \frac{2}{3}$

Multiplikation und Division von Brüchen Teste dich!

1
a) $10\,\text{cm}$ b) $18\,\text{km}$
c) $15\,\text{g}$ d) $48\,€$
e) $75\,\text{cm}$ f) $1200\,\text{m}$

a) $15\,\text{cm} \xrightarrow{:3} 5\,\text{cm} \xrightarrow{\cdot 2} 10\,\text{cm}$
b) $30\,\text{km} \xrightarrow{:5} 6\,\text{km} \xrightarrow{\cdot 3} 18\,\text{km}$
c) $40\,\text{g} \xrightarrow{:8} 5\,\text{g} \xrightarrow{\cdot 3} 15\,\text{g}$
d) $56\,€ \xrightarrow{:7} 8\,€ \xrightarrow{\cdot 6} 48\,€$
e) $100\,\text{cm} \xrightarrow{:4} 25\,\text{cm} \xrightarrow{\cdot 3} 75\,\text{cm}$
f) $2000\,\text{m} \xrightarrow{:5} 400\,\text{m} \xrightarrow{\cdot 3} 1200\,\text{m}$

Ein Bruch wird mit einer natürlichen Zahl multipliziert, indem man den Zähler mit der natürlichen Zahl multipliziert. Der Nenner wird nicht verändert.

Ein Bruch wird durch eine natürliche Zahl dividiert, indem man den Nenner mit der natürlichen Zahl multipliziert. Der Zähler wird nicht verändert.

2

·	3	4	5	8
a) $\frac{3}{25}$	$\frac{9}{25}$	$\frac{12}{25}$	$\frac{3}{5}$	$\frac{24}{25}$
b) $\frac{9}{64}$	$\frac{27}{64}$	$\frac{9}{16}$	$\frac{45}{64}$	$\frac{9}{8}$

:	4	7	3	5
c) $\frac{10}{33}$	$\frac{1}{12}$	$\frac{1}{21}$	$\frac{1}{9}$	$\frac{1}{15}$
d) $\frac{8}{9}$	$\frac{2}{9}$	$\frac{8}{63}$	$\frac{8}{27}$	$\frac{8}{45}$

3
a) $\frac{6}{35}$ b) $\frac{5}{16}$
c) $\frac{8}{27}$ d) $\frac{1}{8}$
e) $\frac{42}{121}$ f) $\frac{2}{5}$

a) $\frac{2}{7}\cdot\frac{3}{5}=\frac{2\cdot3}{7\cdot5}=\frac{6}{35}$
b) $\frac{5}{6}\cdot\frac{3}{8}=\frac{5\cdot3}{6\cdot8}=\frac{5\cdot3}{2\cdot6\cdot8}=\frac{5}{16}$
c) $\frac{2}{3}\cdot\frac{4}{9}=\frac{2\cdot4}{3\cdot9}=\frac{8}{27}$
d) $\frac{3}{8}\cdot\frac{1}{3}=\frac{3\cdot1}{8\cdot3\cdot1}=\frac{1}{8}$
e) $\frac{6}{11}\cdot\frac{7}{11}=\frac{6\cdot7}{11\cdot11}=\frac{42}{121}$
f) $\frac{12}{25}\cdot\frac{5}{6}=\frac{12\cdot5}{25\cdot6}=\frac{2\cdot12\cdot5}{5\cdot25\cdot6}=\frac{2}{5}$

4
a) $9\frac{1}{6}$ b) $17\frac{9}{11}$
c) $\frac{22}{27}$ d) $\frac{23}{24}$
e) $\frac{9}{20}$ f) $\frac{23}{60}$

a) $5\cdot1\frac{5}{6}=5\cdot\frac{11}{6}=\frac{55}{6}=9\frac{1}{6}$
b) $7\cdot2\frac{6}{11}=7\cdot\frac{28}{11}=\frac{196}{11}=17\frac{9}{11}$
c) $2\frac{1}{3}:2=\frac{2\cdot1}{3}\cdot\frac{1}{9}=\frac{22}{27}$
d) $3\frac{5}{6}:4=\frac{23}{6}:4=\frac{23}{6\cdot4}=\frac{23}{24}$
e) $2\frac{1}{4}:5=\frac{9}{4}:5=\frac{9}{4\cdot5}=\frac{9}{20}$
f) $2\frac{3}{10}:6=\frac{23}{10}:6=\frac{23}{10\cdot6}=\frac{23}{60}$

5
a) Die Hälfte von einem Baum wiegt $\frac{9}{20}$ t.
b) Ein Brett wiegt $\frac{9}{70}$ t.

a) $\frac{9}{10}\,\text{t}:2=\frac{9}{10\cdot2}\,\text{t}=\frac{9}{20}\,\text{t}$
b) $\frac{9}{10}\,\text{t}:7=\frac{9}{10\cdot7}\,\text{t}=\frac{9}{70}\,\text{t}$

6
a) 2 b) $\frac{1}{3}$
c) $\frac{3}{2}=1\frac{1}{2}$ d) $\frac{16}{45}$
e) $\frac{8}{9}$ f) $1\frac{1}{5}$

a) $\frac{3}{4}\cdot3\frac{3}{8}=\frac{3}{4}\cdot\frac{23\cdot8\cdot1}{54\cdot3\cdot1}=2$
b) $1\frac{3}{7}:7=\frac{7}{7}\cdot\frac{1}{7\cdot3}=\frac{1}{3}$
c) $\frac{2}{5}\cdot2\,\frac{15}{15}=\frac{2\cdot15}{15\cdot4}=\frac{12\cdot15^3}{1\cdot5\cdot4^2}=1\frac{1}{2}$
d) $\frac{2}{9}:5=\frac{2}{9\cdot5}=\frac{16}{45}$
e) $\frac{2}{3}\cdot\frac{2}{4}=\frac{2\cdot2\cdot4}{3\cdot3\cdot9}=\frac{8}{9}$
f) $\frac{4}{5}\cdot\frac{2}{3}=\frac{4\cdot3}{5\cdot2}=\frac{24\cdot3}{5\cdot2_1}=\frac{6}{5}=1\frac{1}{5}$

Mit Brüchen multiplizieren und dividieren Teste dich!

1
a) $10\,\text{min}$ b) $15\,€$
c) $3750\,\text{g}$ d) $26\,\text{t}$
e) $88\,\text{dm}$ f) $35\,\text{min}$

a) $45\,\text{min} \xrightarrow{:9} 5\,\text{min} \xrightarrow{\cdot 2} 10\,\text{min}$
b) $90\,€ \xrightarrow{:6} 15\,€ \xrightarrow{\cdot 1} 15\,€$
c) $6000\,\text{g} \xrightarrow{:3} 750\,\text{g} \xrightarrow{\cdot 5} 3750\,\text{g}$
d) $39\,\text{t} \xrightarrow{:8} 13\,\text{t} \xrightarrow{\cdot 2} 26\,\text{t}$
e) $121\,\text{dm} \xrightarrow{:11} 11\,\text{dm} \xrightarrow{\cdot 8} 88\,\text{dm}$
f) $60\,\text{min} \xrightarrow{:12} 5\,\text{min} \xrightarrow{\cdot 7} 35\,\text{min}$

Ein Bruch wird mit einer natürlichen Zahl multipliziert, indem man den Zähler mit der natürlichen Zahl multipliziert. Der Nenner wird nicht verändert.

Ein Bruch wird durch eine natürliche Zahl dividiert, indem man den Nenner mit der natürlichen Zahl multipliziert. Der Zähler wird nicht verändert.

2

·	2	9	6	11
$\frac{4}{5}$	$1\frac{3}{5}$	$7\frac{1}{5}$	$4\frac{4}{5}$	$8\frac{4}{5}$
$\frac{1}{10}$	$\frac{1}{5}$	$\frac{9}{10}$	$\frac{3}{5}$	$1\frac{1}{10}$
$\frac{3}{7}$	$\frac{6}{7}$	$3\frac{6}{7}$	$\frac{18}{7}$	$4\frac{5}{7}$
$\frac{5}{9}$	$1\frac{1}{9}$	5	$3\frac{1}{3}$	$6\frac{1}{9}$
$\frac{4}{9}$	$\frac{8}{9}$	4	$2\frac{2}{3}$	$4\frac{8}{9}$

3
a) $\frac{1}{3}$ b) $\frac{1}{15}$
c) $\frac{2}{3}$ d) $\frac{25}{128}$
e) $\frac{5}{98}$ f) $\frac{5}{24}$

a) $\frac{2}{3}\cdot\frac{5}{10}=\frac{12\cdot5^1}{3\cdot10_{\,5}}=\frac{1}{3}$
b) $\frac{1}{15}$
c) $\frac{4}{9}\cdot\frac{3}{8}=\frac{3\cdot8\cdot13\cdot82}{4\cdot9\cdot14\cdot93}=\frac{2}{3}$
d) $\frac{5}{8}\cdot\frac{5}{16}=\frac{5\cdot5}{8\cdot16}=\frac{25}{128}$
e) $\frac{5}{14}\cdot\frac{1}{7}=\frac{5\cdot1}{14\cdot7}=\frac{5}{98}$
f) $\frac{3}{6}\cdot\frac{5}{12}=\frac{13\cdot5}{26\cdot12}=\frac{5}{24}$

4
a) $8\frac{1}{7}$ b) $16\frac{24}{35}$
c) $1\frac{17}{35}$ d) $1\frac{3}{32}$
e) $\frac{13}{84}$ f) $\frac{38}{39}$

a) $6\cdot1\frac{5}{14}=6\cdot\frac{19}{14}=\frac{36\cdot19}{714\cdot14}=\frac{57}{14}=8\frac{1}{7}$
b) $2\frac{3}{5}\cdot8=\frac{73}{5}\cdot8=\frac{584}{35}=16\frac{24}{35}$
c) $\frac{2}{5}\cdot3\frac{5}{7}=\frac{2}{5}\cdot\frac{26}{7}=\frac{52}{35}=1\frac{17}{35}$
d) $2\frac{5}{8}\cdot12=\frac{21}{8}\cdot12=\frac{72^1\cdot5}{8\cdot12_4}=\frac{35}{32}=1\frac{3}{32}$
e) $1\frac{6}{7}:12=\frac{13}{7}:12=\frac{13}{84}$
f) $2\frac{12}{13}:3=\frac{38}{13}:3=\frac{38}{39}$

5 Jan hat $\frac{9}{52}$ kg Kuchen gegessen.
Sabine und Jana aßen jeweils $\frac{3}{26}$ kg.

$\frac{3}{4}\cdot\frac{3}{13}\,\text{kg}=\frac{3\cdot3}{4\cdot13}\,\text{kg}=\frac{9}{52}\,\text{kg}$
$\frac{3}{13}\,\text{kg}:2=\frac{3}{13\cdot2}\,\text{kg}=\frac{3}{26}\,\text{kg}$

6
a) $\frac{7}{8}$ b) $\frac{10}{21}$
c) $\frac{5}{3}=1\frac{2}{3}$ d) $\frac{5}{4}=1\frac{1}{4}$
e) $\frac{3}{2}=1\frac{1}{2}$ f) $\frac{6}{5}=1\frac{1}{5}$

a) $\frac{7}{10}\cdot\frac{5}{4}=\frac{7\cdot5}{10\cdot4}=\frac{7\cdot5^1}{_210\cdot4}=\frac{7}{8}$
b) $\frac{5}{12}\cdot\frac{8}{7}=\frac{5\cdot8}{12\cdot7}=\frac{5\cdot8^2}{_312\cdot7}=\frac{10}{21}$
c) $\frac{5}{9}:3=\frac{5\cdot1}{9\cdot3}=\frac{5}{3}=1\frac{1}{3}$
d) $\frac{5}{7}\cdot\frac{3}{4}=\frac{5\cdot7}{7\cdot4}=\frac{5\cdot7^1}{7\cdot4}=\frac{5}{4}=1\frac{1}{4}$
e) $\frac{1}{7}\cdot\frac{2}{1}=\frac{21}{7}\cdot\frac{1\cdot2\cdot3}{_17\cdot2}=\frac{3}{2}=1\frac{1}{2}$
f) $\frac{3}{5}\cdot\frac{1}{2}=\frac{21}{5}\cdot\frac{1}{2}=\frac{3}{5\cdot2_1}=\frac{6}{5}=1\frac{1}{5}$

Körper Teste dich!

1 Links ist ein Würfel, rechts ein Quader abgebildet.
Gemeinsamkeiten (Beispiele): 6 Flächen, 8 Ecken, 12 Kanten, gegenüberliegende Flächen gleich groß
Unterschiede (Beispiele): ein Würfel hat nur quadratische Flächen, ein Würfel hat 12 gleich lange Kanten

2 a) Schrägbild:

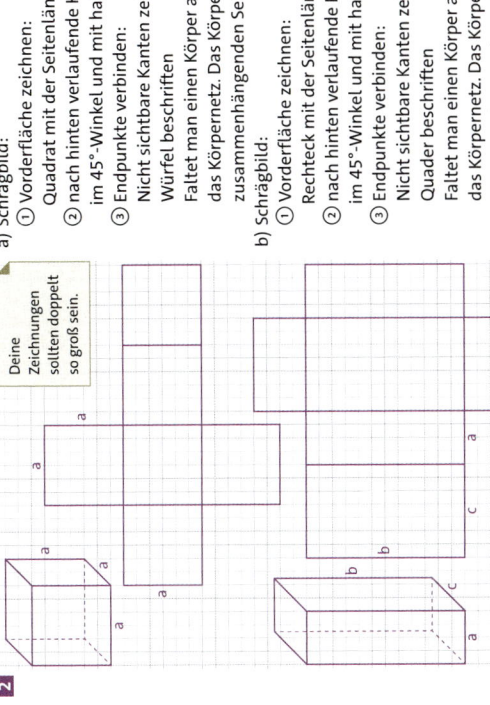

Netz:

Deine Zeichnungen sollten doppelt so groß sein.

① Vorderfläche zeichnen:
Quadrat mit der Seitenlänge a
② nach hinten verlaufende Kanten zeichnen: im 45°-Winkel und mit halber Kantenlänge
③ Endpunkte verbinden:
Nicht sichtbare Kanten zeichnet man gestrichelt.
Würfel beschriften
Faltet man einen Körper auseinander, entsteht das Körpernetz. Das Körpernetz besteht aus den zusammenhängenden Seitenflächen des Körpers.

b) Schrägbild:
① Vorderfläche zeichnen:
Rechteck mit der Seitenlänge a und c
② nach hinten verlaufende Kanten zeichnen: im 45°-Winkel und mit halber Kantenlänge b
③ Endpunkte verbinden: Nicht sichtbare Kanten zeichnet man gestrichelt. Quader beschriften
Faltet man einen Körper auseinander, entsteht das Körpernetz. Das Körpernetz besteht aus den zusammenhängenden Seitenflächen des Körpers.

3 a) $70\,000\,\text{mm}^3$
b) $26\,000\,\text{mm}^3 = 26\,\text{cm}^3$
c) $80\,000\,\text{dm}^3 = 80\,\text{m}^3$
d) $45\,000\,\text{dm}^3 = 45\,000\,000\,\text{cm}^3$

a) multipliziere mit 1000
b) dividiere durch 1000
c) dividiere durch 1000
d) multipliziere mit 1000

4 Figur ① ist größer.
Figur 1 besteht aus 32 gleich großen Würfeln und Figur 2 nur aus 28.

5 a) $V = 168\,\text{cm}^3$
$O = 244\,\text{cm}^2$
b) $V = 729\,\text{cm}^3$
$O = 486\,\text{cm}^2$

a) $V = 2\,\text{cm} \cdot 12\,\text{cm} \cdot 7\,\text{cm} = 168\,\text{cm}^3$
$O = 2 \cdot 12\,\text{cm} \cdot 2\,\text{cm} + 2 \cdot 12\,\text{cm} \cdot 7\,\text{cm} + 2 \cdot 7\,\text{cm} \cdot 2\,\text{cm} = 244\,\text{cm}^2$
b) $V = 9\,\text{cm} \cdot 9\,\text{cm} \cdot 9\,\text{cm} = 729\,\text{cm}^3$
$O = 6 \cdot 9\,\text{cm} \cdot 9\,\text{cm} = 486\,\text{cm}^2$

6 Man benötigt $1050\,\text{cm}^2$ Papier.
$O = 2 \cdot 15\,\text{cm} \cdot 15\,\text{cm} + 2 \cdot 15\,\text{cm} \cdot 10\,\text{cm} + 2 \cdot 10\,\text{cm} \cdot 15\,\text{cm} = 1050\,\text{cm}^2$

Körper Teste dich!

1 Links ist ein Würfel, rechts ein Quader abgebildet.
Gemeinsamkeiten (Beispiele): 6 Flächen, 8 Ecken, 12 Kanten, gegenüberliegende Flächen gleich groß
Unterschiede (Beispiele): ein Würfel hat nur quadratische Flächen, ein Würfel hat 12 gleich lange Kanten

2 a) Schrägbild:
① Vorderfläche zeichnen:
Quadrat mit der Seitenlänge a
② nach hinten verlaufende Kanten zeichnen: im 45°-Winkel und mit halber Kantenlänge
③ Endpunkte verbinden:
Nicht sichtbare Kanten zeichnet man gestrichelt.
Würfel beschriften
Faltet man einen Körper auseinander, entsteht das Körpernetz. Das Körpernetz besteht aus den zusammenhängenden Seitenflächen des Körpers.

b) Schrägbild:
① Vorderfläche zeichnen:
Rechteck mit der Seitenlänge a und c
② nach hinten verlaufende Kanten zeichnen: im 45°-Winkel und mit halber Kantenlänge b
③ Endpunkte verbinden: Nicht sichtbare Kanten zeichnet man gestrichelt. Quader beschriften
Faltet man einen Körper auseinander, entsteht das Körpernetz. Das Körpernetz besteht aus den zusammenhängenden Seitenflächen des Körpers.

Deine Zeichnungen sollten doppelt so groß sein.

3 a) $45\,\text{m}^3 = 45\,000\,\text{dm}^3 = 45\,000\,000\,\text{cm}^3$
b) $82\,000\,000\,\text{mm}^3 = 82\,000\,\text{cm}^3 = 82\,\text{dm}^3$
c) $13\,000\,\text{dm}^3 = 13\,000\,000\,\text{cm}^3 = 13\,000\,000\,000\,\text{mm}^3$
d) $550\,000\,000\,\text{cm}^3 = 550\,000\,\text{dm}^3 = 550\,\text{m}^3$

Bei jeden Schritt in eine kleinere Volumeneinheit multipliziert man mit 1000.
Bei jeden Schritt in eine größere Volumeneinheit dividiert man durch 1000.

4 Beide Figuren sind gleich groß.
Beide Figuren bestehen aus 24 Würfeln

5 a) $V = 512\,\text{cm}^3$
$O = 448\,\text{cm}^2$
b) $V = 2197\,\text{cm}^3$
$O = 1014\,\text{cm}^2$

a) $V = 16\,\text{cm} \cdot 8\,\text{cm} \cdot 4\,\text{cm} = 512\,\text{cm}^3$
$O = 2 \cdot 16\,\text{cm} \cdot 8\,\text{cm} + 2 \cdot 16\,\text{cm} \cdot 4\,\text{cm} + 2 \cdot 8\,\text{cm} \cdot 4\,\text{cm} = 448\,\text{cm}^2$
b) $V = 13\,\text{cm} \cdot 13\,\text{cm} \cdot 13\,\text{cm} = 2197\,\text{cm}^3$
$O = 6 \cdot 13\,\text{cm} \cdot 13\,\text{cm} = 1014\,\text{cm}^2$

6 Man muss $104,5\,\text{dm}^2$ streichen.
$O = 2 \cdot 250\,\text{cm} \cdot 200\,\text{cm} + 2 \cdot 250\,\text{cm} \cdot 5\,\text{cm} + 2 \cdot 200\,\text{cm} \cdot 5\,\text{cm}$
$= 104\,500\,\text{cm}^2 = 104,5\,\text{dm}^2$

Dezimalzahlen Teste dich!

1
a) A = 3,2; B = 3,5; C = 3,7; D = 4,0
b) A = 0,111; B = 0,116; C = 0,119; D = 0,122

> Man zählt von den Markierungen die Schritte.
> a) Der Zahlenstrahl zählt in 0,1-Schritten.
> b) Der Zahlenstrahl zählt in 0,001-Schritten.

2

	Bruch	Dezimalzahl	Prozent
a)	$\frac{12}{15}$	0,8	80%
b)	$\frac{9}{20}$	0,45	45%
c)	$\frac{3}{8}$	0,375	37,5%
d)	$\frac{4}{25}$	0,16	16%
e)	$\frac{1}{100}$	0,01	1%
f)	$\frac{3}{100}$	0,03	3%

a) $\frac{12}{15} = \frac{8}{10} = 0,8 = 80\%$
b) $0,45 = \frac{45}{100} = 45\%$; $\frac{45}{100} = \frac{9}{20}$
c) $\frac{3}{8} = \frac{375}{1000} = 0,375 = 37,5\%$
d) $16\% = \frac{16}{100} = 0,16$; $\frac{16}{100} = \frac{4}{25}$
e) $0,01 = \frac{1}{100} = 1\%$
f) $3\% = \frac{3}{100} = 0,03$

3
① $\frac{3}{4}$; 0,75; 75%
② $\frac{8}{20}$; 0,4; 4 von 10
③ $\frac{3}{8}$; 37,5%; $\frac{375}{1000}$
④ $\frac{2}{8}$; 25%; 0,25

75 der 100 Teile sind farbig. $\frac{75}{100} = 0,75 = 75\% = \frac{3}{4}$
4 von 10 Teilen sind farbig. $\frac{4}{10} = \frac{8}{20} = 0,4$
3 der 8 Teile sind farbig. $\frac{3}{8} = \frac{375}{1000} = 0,375 = 37,5\%$
2 der 8 Teile sind farbig. $\frac{2}{8} = \frac{25}{100} = 0,25 = 25\%$

4
a) $0,209 < 0,268 < 0,27 < 0,271 < 0,3$
b) $0,125 < 0,25 < 0,35 < 0,5 < 0,7 < 0,75$

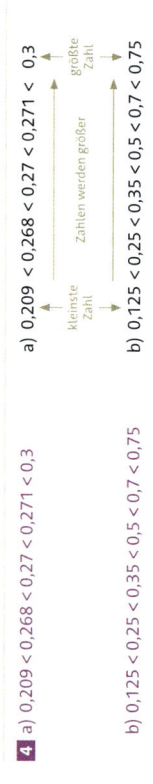
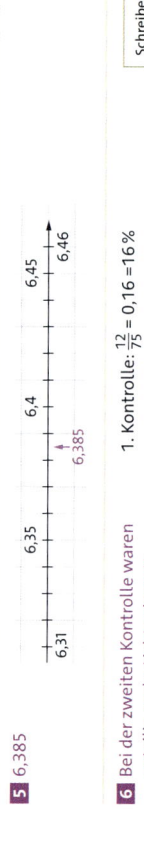
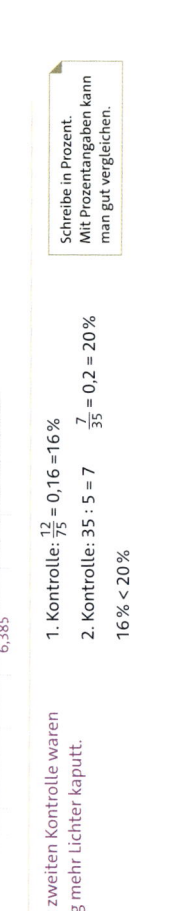

kleinste Zahl — Zahlen werden größer — größte Zahl

> Vergleiche die Zahlen stellenweise.

5 6,385

Zahlenstrahl: 6,31 | 6,35 | 6,385 | 6,4 | 6,45 | 6,46

6 Bei der zweiten Kontrolle waren anteilig mehr Lichter kaputt.
1. Kontrolle: $\frac{12}{75} = 0,16 = 16\%$
2. Kontrolle: $35 : 5 = 7$; $\frac{7}{35} = 0,2 = 20\%$
$16\% < 20\%$

> Schreibe in Prozent.
> Mit Prozentangaben kann man gut vergleichen.

Dezimalzahlen Teste dich!

1
a) A = 6,1; B = 6,6; C = 6,8; D = 7,2
b) A = 6,31; B = 6,34; C = 6,37; D = 6,41

> Man zählt von den Markierungen die Schritte.
> a) Der Zahlenstrahl zählt in 0,1-Schritten.
> b) Der Zahlenstrahl zählt in 0,01-Schritten.

2
a) $\frac{1}{4}$; $\frac{13}{20}$; $\frac{1}{2}$; $\frac{3}{10}$
b) 0,3; 0,45; 0,08; 0,7
c) 75%; 60%; 65%; 82%

a) $0,25 = \frac{25}{100} = \frac{1}{4}$; $0,65 = \frac{65}{100} = \frac{13}{20}$; $50\% = \frac{50}{100} = \frac{1}{2}$; $30\% = \frac{30}{100} = \frac{3}{10}$
b) $\frac{3}{10} = 0,3$; $\frac{9}{20} = \frac{45}{100} = 0,45$; $8\% = \frac{8}{100} = 0,08$; $70\% = \frac{70}{100} = \frac{7}{10} = 0,7$
c) $\frac{75}{100} = 75\%$; $\frac{3}{5} = \frac{60}{100} = 60\%$; $0,65 = \frac{65}{100} = 65\%$; $0,82 = \frac{82}{100} = 82\%$

3
① $\frac{3}{4}$; 0,75; 75%
② $\frac{8}{20}$; 0,4; 4 von 10
③ $\frac{3}{8}$; 37,5%; $\frac{375}{1000}$
④ $\frac{2}{8}$; 25%; 0,25

75 der 100 Teile sind farbig. $\frac{75}{100} = 0,75 = 75\% = \frac{3}{4}$
4 von 10 Teilen sind farbig. $\frac{4}{10} = \frac{8}{20} = 0,4$
3 der 8 Teile sind farbig. $\frac{3}{8} = \frac{375}{1000} = 0,375 = 37,5\%$
2 der 8 Teile sind farbig. $\frac{2}{8} = \frac{25}{100} = 0,25 = 25\%$

4
a) $0,74 < 0,76$, weil $4 < 6$
b) $0,807 > 0,088$; weil $8 > 0$
c) $1,900 < 1,901$, weil $0 < 1$
d) $5,9 > 5,899$, weil $9 > 8$

> Vergleiche stellenweise:
> von links nach rechts: erst die Ganzen und dann die Nachkommastellen (Zehntel, Hundertstel, Tausendstel ...)

5 z. B. 2,31; 2,32; ...
Lösungen sind Dezimalzahlen, die mit 2,3... beginnen.
Diese liegen auf dem Zahlenstrahl zwischen 2,3 und 2,4.

6 Klara war in der zweiten Klassenarbeit besser.
$\frac{21}{25} = \frac{84}{100} = 84\%$
$\frac{17}{20} = \frac{85}{100} = 85\%$
$84\% < 85\%$

> Schreibe in Prozent.
> Mit Prozentangaben kann man gut vergleichen.

Lösungen

Daten und Zufall Teste dich!

1 a) Der Median ist 32.
Der Durchschnitt 33.
$\varnothing = (32 + 38 + 31 + 29 + 42 + 26 + 33) : 7 = \underline{33}$

b) Der Median ist 37,5.
Der Durchschnitt ist 74.
geordnet: 7; 15; 18; 57; 87; 260 und $(18 + 57) : 2 = \underline{37,5}$
$\varnothing = (18 + 260 + 7 + 57 + 15 + 87) : 6 = \underline{74}$

c) Der Median ist 25,5 cm.
Der Durchschnitt ist 25,5 cm.
geordnet: 25,2; $\underline{25,5}$; 25,8
$\varnothing = (25,5 + 25,8 + 25,2) : 3 = \underline{25,5}$

d) Der Median ist 2,7605 kg.
Der Durchschnitt ist 3,024 kg.
geordnet: 0,875 kg; 2,521 kg; 3 kg; 5,7 kg und $(2,521 + 3) : 2 = \underline{2,7605}$
$\varnothing = (3 + 2,521 + 5,7 + 0,875) : 4 = \underline{3,024}$

2 a) Das Diagramm ist ein Kreisdiagramm.
Es zeigt 5 verschiedene Sorten von Lieblingsgemüse der befragten Schüler und wie beliebt diese jeweils sind.

b) Tomaten: 48; Erbsen: 20; Möhren: 20
Gurken: 40; Paprika: 32

b) Tomate: $\frac{3}{10}$ von 160 = 48
Erbsen: $\frac{1}{8}$ von 160 = 20
Möhren: $\frac{1}{8}$ von 160 = 20
Gurken: $\frac{1}{4}$ von 160 = 40
Paprika: $\frac{1}{5}$ von 160 = 32

3 Olga braucht mindestens 11 Punkte.

1. Test: $\frac{6}{18} = \frac{1}{3}$
Olga braucht im nächsten Test mehr als $\frac{1}{3}$ der Punkte, um besser zu sein.
$\frac{1}{3}$ von 30 Punkten sind 10 Punkte.
Also braucht sie mindestens 11 Punkte.

4 Mögliche Ergebnisse:
a) orange; blau; lila; grün   b) orange; blau; lila; grün   c) 1; 2; 3; 4; 5; 6; 7; 8; 9; 10; 11; 12

5

Farbe	absolute Häufigkeit	Schätzwert für die Wahrscheinlichkeit
blau	380	$\frac{380}{1000} = \frac{38}{100} = 0,38 = 38\%$
rot	125	$\frac{125}{1000} = \frac{1}{8} = 0,125 = 12,5\%$
gelb	220	$\frac{220}{1000} = \frac{22}{100} = 0,22 = 22\%$
grün	275	$\frac{275}{1000} = \frac{11}{40} = 0,275 = 27,5\%$

Gesamtzahl der Versuche:
$380 + 125 + 220 + 275 = 1000$
Beispiel: relative Häufigkeit für „blau":
$\frac{\text{Anzahl „blau"}}{\text{Gesamtzahl der Versuche}} = \frac{380}{1000} \;{}^{:10}_{:10}\; \frac{38}{100} = 0,38 = 38\%$
Die relative Häufigkeit für „blau" bei einer so großen Anzahl von Versuchen (z. B. 1000) ist ein Schätzwert für die Wahrscheinlichkeit des Ergebnisses „blau".

Daten und Zufall Teste dich!

1 a) Der Median ist 8.
Der Durchschnitt ist 8.

b) Der Median ist 20.
Der Durchschnitt ist 20.

c) Der Median ist 7,3 m.
Der Durchschnitt ist 7 m.

d) Der Median ist 134 kg.
Der Durchschnitt ist 132 kg.

a) geordnet: 5; 7; $\underline{8}$; 9; 11
$\varnothing = (8 + 5 + 9 + 11 + 7) : 5 = \underline{8}$

b) geordnet: 8; 16; 24; 32 und $(16 + 24) : 2 = \underline{20}$
$\varnothing = (24 + 16 + 32 + 8) : 4 = \underline{20}$

c) geordnet: 4,7 m; 6,1 m; $\underline{7,3\,\text{m}}$; 7,7 m; 9,2 m
$\varnothing = (6,1 + 7,7 + 9,2 + 4,7 + 7,3) : 5 = \underline{7}$

d) geordnet: 107 kg; 124 kg; 144 kg; 153 kg und $(124 + 144) : 2 = \underline{134}$
$\varnothing = (124 + 107 + 144 + 153) : 4 = \underline{132}$

2 a) Das Diagramm ist ein Kreisdiagramm.
Es zeigt die 4 Lieblingsfächer der befragten Schüler und wie beliebt diese jeweils sind.

b) Sport: 18   Englisch: 8
Mathe: 16   Deutsch: 6

b) Sport: $\frac{3}{8}$ von 48 = 18
Englisch: $\frac{1}{6}$ von 48 = 8
Mathe: $\frac{1}{3}$ von 48 = 16
Deutsch: $\frac{1}{8}$ von 48 = 6

3 Bekim: $\frac{22}{50} = \frac{44}{100} = 0,44 = \underline{44\%}$
Linus: $\frac{8}{20} = \frac{40}{100} = 0,4 = \underline{40\%}$

$40\% < 44\%$
Bekim hat mehr Aufgaben richtig.

> relative Häufigkeit = $\frac{\text{absolute Häufigkeit}}{\text{Gesamtzahl}}$
> Schreibe in Prozent.
> Mit Prozentangaben kann man gut vergleichen.

4 Mögliche Ergebnisse:
a) orange; blau; lila; grün   b) orange; blau; lila; grün   c) 1; 2; 3; 4; 5; 6; 7; 8; 9; 10; 11; 12

5

Farbe	Anzahl	relative Häufigkeit	Wahrscheinlichkeit
blau	140	$0,14 = 14\%$	$\approx 14\%$
rot	500	$0,50 = 50\%$	$\approx 50\%$
grün	360	$0,36 = 36\%$	$\approx 36\%$

Beispiel:
relative Häufigkeit für „blau":
$\frac{\text{Anzahl „blau"}}{\text{Gesamtzahl der Versuche}} = \frac{140}{1000} = 0,140 = 0,14 = 14\%$
Die relative Häufigkeit für „blau" bei einer so großen Anzahl von Versuchen (z. B. 1000) ist ein Schätzwert für die Wahrscheinlichkeit des Ergebnisses „blau".

Rechnen mit Dezimalzahlen Teste dich!

1 a) 9,3
b) 7,6
c) 7,5
d) 6

a) $2{,}7 + 6{,}6 = 2{,}7 + 6 + 0{,}6 = 8{,}7 + 0{,}6 = 9{,}3$
b) $15{,}4 - 7{,}8 = 15{,}4 - 7 - 0{,}8 = 8{,}4 - 0{,}8 = 7{,}6$
c) $3 \cdot 2{,}5 = 7{,}5$, da $3 \cdot 25 = 75$
d) $4{,}2 : 0{,}7 = 6$, da $42 : 7 = 6$

> Zerlege bei a) und b) die zweite Dezimalzahl. Rechne bei c) und d) erst ohne Komma.

2 a) 79,21
b) 365,82
c) 24,50
d) 90,21

Beispiel:
```
a)   6 6,4 8
   + 1 2,7 3
     1 1
   ---------
     7 9,2 1
```

a) Überschlag $\approx 70 + 10 = 80$
b) Überschlag $\approx 320 + 50 = 370$
c) Überschlag $\approx 55 - 30 = 25$
d) Überschlag $\approx 350 - 250 = 100$

3 1,41 €

Überschlag $\approx 105 - 13 - 25 - 66 = 1$

```
  1 0 5,0 0
-   1 2,9 9
-   2 4,9 0
-   6 5,7 0
    1 1 1
  ---------
      1,4 1
```

> Wenn du mehrere Zahlen subtrahierst, addiere erst die unteren Zahlen und ergänze bis zur obersten Zahl.

Melek bekommt 1,41 € zurück.

4

·	10	100	1000
a) 7,9281	79,281	792,81	7928,1
b) 0,12523	1,2523	12,523	125,23
c) 8,803	88,03	880,3	8803

> Wenn du mit Stufenzahlen multiplizierst, verschiebe das Komma nach rechts. Wenn du durch Stufenzahlen dividierst, verschiebe das Komma nach links.

5 a) 231,28
b) 5528,25
c) 1,504
d) 234,52

Beispiel:
```
a)  1 6,5 2 · 1 4
    1 6 5 2 0
      6 6 0 8
      1 1
    ---------
    2 3 1,2 8
```

a) Überschlag $\approx 17 \cdot 14 = 238$
b) Überschlag $\approx 123 \cdot 45 = 5535$
c) Überschlag $\approx 0{,}5 \cdot 3 = 1{,}5$
d) Überschlag $\approx 14 \cdot 16 = 224$

6 a) 43,6
b) 33,81
c) 18,6
d) 1240

a) Umkehraufgabe: $43{,}6 \cdot 7 = 305{,}2$
b) Umkehraufgabe: $33{,}81 \cdot 4 = 13{,}524$
c) Umkehraufgabe: $18{,}6 \cdot 12 = 22{,}32$
d) Umkehraufgabe: $1240 \cdot 6 = 7440$

7 2085,50 €

$(230 \cdot 4{,}5 + 320 \cdot 9{,}8) : 2 = (1035 + 3136) : 2 = 4171 : 2 = 2085{,}5$

Rechnen mit Dezimalzahlen Teste dich!

1 a) 9,3
b) 7,6
c) 7,5
d) 6

a) $2{,}7 + 6{,}6 = 2{,}7 + 6 + 0{,}6 = 8{,}7 + 0{,}6 = 9{,}3$
b) $15{,}4 - 7{,}8 = 15{,}4 - 7 - 0{,}8 = 8{,}4 - 0{,}8 = 7{,}6$
c) $3 \cdot 2{,}5 = 7{,}5$, da $3 \cdot 25 = 75$
d) $4{,}2 : 0{,}7 = 6$, da $42 : 7 = 6$

> Zerlege bei a) und b) die zweite Dezimalzahl. Rechne bei c) und d) erst ohne Komma.

2 a) 260,908
b) 9122,202
c) 127,21
d) 610,741

Beispiel:
```
a)   2 3 7,2 6 0
   +   2 3,6 4 8
         1 1
   -------------
     2 6 0,9 0 8
```

a) Überschlag $\approx 240 + 20 = 260$
b) Überschlag $\approx 10 + 9100 = 9110$
c) Umkehraufgabe: $127{,}21 + 23{,}09 = 150{,}30$
d) Umkehraufgabe: $610{,}741 \cdot 91{,}6 = 702{,}341$

3 9,05 €

Überschlag $\approx 4 \cdot 5\,€ + 11\,€ = 20\,€ + 11\,€ = 31\,€$
$\approx 31\,€ : 4 = 7{,}75$

$(4 \cdot 4{,}99 + 11{,}22) : 4$
$= (24{,}95 + 11{,}22) : 4$
$= 36{,}17 : 4$
$= 9{,}0425$

> Auch in den Klammern gilt Punkt-vor-Strich.

Jeder muss gerundet 9,05 € zahlen.

4

·	10	100	1000
a) 92,2412	922,412	9224,12	92241,2
b) 0,052023	0,52023	5,2023	52,023
c) 23,36	233,6	2336	23360

> Wenn du mit Stufenzahlen multiplizierst, verschiebe das Komma nach rechts. Wenn du durch Stufenzahlen dividierst, verschiebe das Komma nach links.

5 a) 7724,64
b) 2795,229
c) 1038,177
d) 0,0188

Beispiel:
```
a)  1 3 5,5 2 · 5 7
    6 7 7 6 0 0
      9 4 8 6 4
      1 1
    -----------
    7 7 2 4,6 4
```

a) Überschlag $\approx 140 \cdot 60 = 8400$
b) Überschlag $\approx 80 \cdot 35 = 2800$
c) Überschlag $\approx 60 \cdot 20 = 1200$
d) Überschlag $\approx 1 \cdot 0 = 0$

6 a) 16,86
b) 47,32
c) 64,7
d) 6710

a) Umkehraufgabe: $16{,}86 \cdot 9 = 151{,}74$
b) Umkehraufgabe: $47{,}32 \cdot 0{,}7 = 33{,}124$
c) Umkehraufgabe: $64{,}7 \cdot 2{,}4 = 155{,}28$
d) Umkehraufgabe: $6710 \cdot 0{,}08 = 536{,}8$

7 Nein, nicht jeder kann sich eine Portion Pommes mit Currywurst kaufen.

Eintritt: $110{,}5 - 24{,}6 \cdot 4 = 110{,}5 - 98{,}4 = 12{,}1$
12,10 € sind noch übrig.
Essen: $1{,}99 \cdot 4 + 1{,}29 \cdot 4 = 7{,}96 + 5{,}16 = 13{,}12$
Die vier Freunde haben keine 13,12 € mehr übrig.

Ganze Zahlen Teste dich!

1
① negativ
② negativ
③ positiv
④ positiv
⑤ negativ
⑥ positiv

① Etage –1. Die Etage befindet sich **unter** der Etage 0.
② –20 °C: Die Temperatur liegt **unter** 0 °C.
③ +36,5 °C: Mit dem Fieberthermometer misst man Temperaturen **über** 0 °C.
④ –2,50 m: Die Tiefe **unter** der Seeoberfläche wird angegeben.
⑤ –3 €: Arne hat **Schulden**, er muss die 3 € noch zurückzahlen.
⑥ +5 m: Der Turm ist 5 m **hoch**.

Das „+" kann man weglassen: +7 = 7 / $|{-}777| = 777$

2 A = –28; B = –21; C = +7; D = +28; E = +49

3 $-777 < -356 < -47 < 18 < 45 < 97 < |{-}777| < 999$
Je weiter rechts eine Zahl auf der Zahlengeraden liegt, desto größer ist sie.
kleiner ← → größer

4
a) Rechenzeichen
b) Vorzeichen
c) Rechenzeichen
a) Der Kontostand verändert sich, es werden 153 € mehr.
b) Es wird ein Zustand beschrieben: Tiefe –4 m.
c) Die Temperatur verändert sich, sie sinkt.

5 a)
A(2|1): gehe 2 Schritte nach rechts (+) und 1 Schritt nach oben (+).
B(–3|1): gehe 3 Schritte nach links (–) und 1 Schritt nach oben (+).
C(–1|–1): gehe 1 Schritt nach links (–) und 1 Schritt nach unten (–).
D(2|–1): gehe 2 Schritte nach rechts (+) und 1 Schritt nach unten (–).
E(0|0): Ursprung

x-Achse nach rechts, y-Achse nach oben. Beide Achsen treffen sich im Ursprung (0|0).

b) D(2|–1)

6
Frau Mey hatte **120 €** auf dem Konto.
Es wurden **260 € Miete abgebucht**.
Nachdem sie ihren alten Roller verkauft hat, waren wieder **80 €** auf dem Konto.

Vorzeichen: +120 €   Rechenzeichen: –260 €   Vorzeichen: +80 €

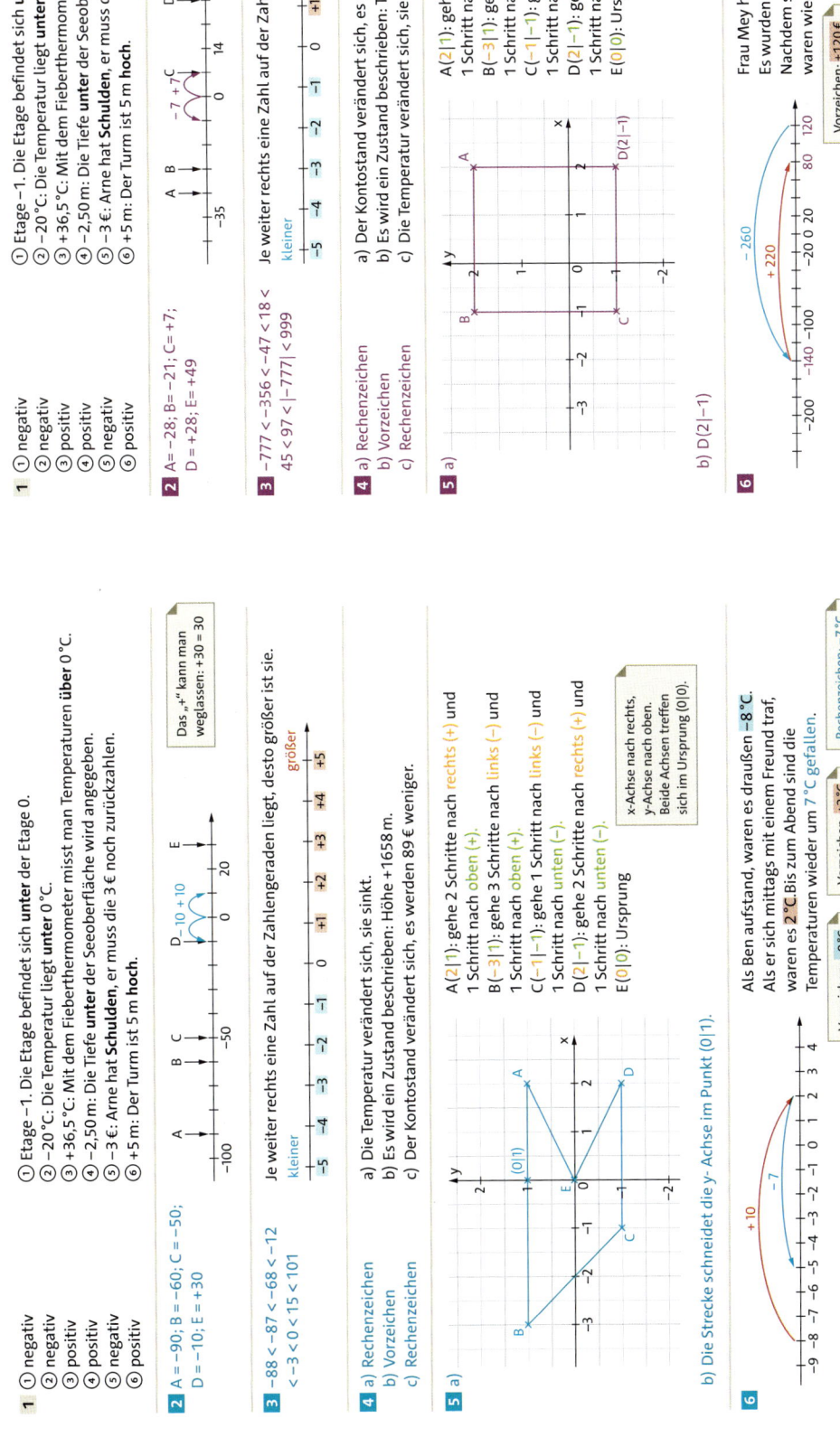

Ganze Zahlen Teste dich!

1
① negativ
② negativ
③ positiv
④ positiv
⑤ negativ
⑥ positiv

① Etage –1. Die Etage befindet sich **unter** der Etage 0.
② –20 °C: Die Temperatur liegt **unter** 0 °C.
③ +36,5 °C: Mit dem Fieberthermometer misst man Temperaturen **über** 0 °C.
④ –2,50 m: Die Tiefe **unter** der Seeoberfläche wird angegeben.
⑤ –3 €: Arne hat **Schulden**, er muss die 3 € noch zurückzahlen.
⑥ +5 m: Der Turm ist 5 m **hoch**.

Das „+" kann man weglassen: +30 = 30

2 A = –90; B = –60; C = –50; D = –10; E = +30

3 $-88 < -87 < -68 < -12 < -3 < 0 < 15 < 101$
Je weiter rechts eine Zahl auf der Zahlengeraden liegt, desto größer ist sie.
kleiner ← → größer

4
a) Rechenzeichen
b) Vorzeichen
c) Rechenzeichen
a) Die Temperatur verändert sich, sie sinkt.
b) Es wird ein Zustand beschrieben: Höhe +1658 m.
c) Der Kontostand verändert sich, es werden 89 € weniger.

5 a)
A(2|1): gehe 2 Schritte nach rechts (+) und 1 Schritt nach oben (+).
B(–3|1): gehe 3 Schritte nach links (–) und 1 Schritt nach oben (+).
C(–1|–1): gehe 1 Schritt nach links (–) und 1 Schritt nach unten (–).
D(2|–1): gehe 2 Schritte nach rechts (+) und 1 Schritt nach unten (–).
E(0|0): Ursprung

x-Achse nach rechts, y-Achse nach oben. Beide Achsen treffen sich im Ursprung (0|0).

b) Die Strecke schneidet die y-Achse im Punkt (0|1).

6
Als Ben aufstand, waren es draußen –8 °C.
Als er sich mittags mit einem Freund traf, waren es 2 °C. Bis zum Abend sind die Temperaturen wieder um 7 °C gefallen.

Vorzeichen: –8 °C   Vorzeichen: +2 °C   Rechenzeichen: –7 °C

Zuordnungen Teste dich!

1 a) Am meisten im November, am wenigsten im Juni, Juli, August.

b)

Monat	J	F	M	A	M	J	J	A	S	O	N	D
mm	38	25	23	10	5	0	0	0	5	25	55	43

a) In diesen Monaten sind die Säulen am höchsten/niedrigsten.
b) Lies die Höhen der Säulen ab.

c)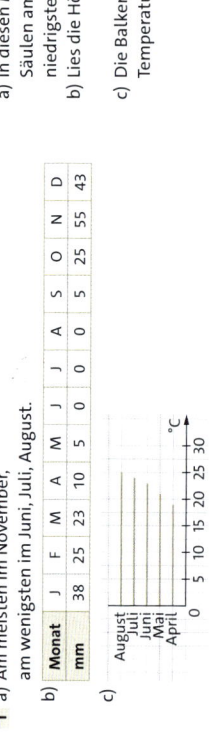

c) Die Balkenlänge zeigt die Temperatur.

d) Im Juni, Juli, August ist es warm und regnet nicht.

2

Wasser in ℓ	1	5	10	20	30
Füllhöhe in cm	0,6	3	6	12	18

12 : 20 = 0,6 , also entspricht 1 ℓ einer Füllhöhe von 0,6 cm.

3 a) Falsch b) Richtig c) Richtig

a) Die Werte verändern sich nicht gleichmäßig.
b) Der Strahl beginnt bei (0|0).
c) Die Werte verändern sich gleichmäßig.

4 a) 4,80 € : 6 = 0,80 €
b) 7,20 m : 8 = 0,90 m

Dividiere links und rechts durch die gleiche Zahl.

5 a) Ja

b)

Wasser in ℓ	50	250	350	400	500
Höhe mm	10	50	70	80	100

a) Bei doppelter Höhe verdoppeln sich auch die Liter.

c)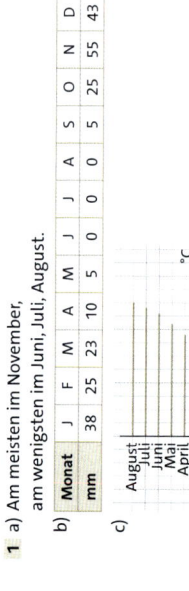

d) 24 mm

d) 10 ℓ entsprechen 2 mm. 2 mm · 12 = 24 mm

6 3 €   8,00 € : 40 = 0,20 €   0,20 € · 15 = 3,00 €

Zuordnungen Teste dich!

1 a) Am meisten im November, am wenigsten im Juni, Juli, August.

b)

Monat	J	F	M	A	M	J	J	A	S	O	N	D
mm	38	25	23	10	5	0	0	0	5	25	55	43

a) In diesen Monaten sind die Säulen am höchsten/niedrigsten.
b) Lies die Höhen der Säulen ab.

c) Die Balkenlänge zeigt die Temperatur.

d) Im Juni, Juli, August ist es warm und regnet nicht.

2

Preis in €	0,90	2,70	3,60	8,10	9,00
Gewicht in g	50	150	200	450	500

2,70 : 3 = 50, also entspricht 0,90 € einem Gewicht von 50 g.

3 a) Richtig b) Falsch c) Falsch

a) Die Werte verändern sich gleichmäßig.
b) Der Strahl beginnt bei (0|0).
c) Beispiel: Vor- und Nachname kann man nicht als Graph zeichnen.

4 a) 36,45 € : 9 = 4,05 €
b) 7,20 € : 12 = 0,60 €

Dividiere links und rechts durch die gleiche Zahl.

5 a)

Anzahl	1	2	3	4	5	6	7	8	9	10
Gewicht in mg	400	800	1200	1600	2000	2400	2800	3200	3600	4000

a) Eine Ameise kann 400 mg tragen.
b) Trage die Werte aus der Tabelle in die Grafik ein.

c) 8 Ameisen.
d) Ja

c) 7 Ameisen können 3000 mg noch nicht tragen.
d) Doppeltes kann Gewicht kann von doppelt so vielen Ameisen getragen werden.

6 3 €   1,80 € : 12 = 0,15 €   0,15 € · 26 = 3,90 €